EDICIONES ANTÍGONA

FILOSOFÍA

EDICIONES ANTÍGONA

Colección Filosofía

Director de la colección: Ignacio Pajón Leyra

Consejo Científico de la colección:
Ernesto Baltar (Universidad Rey Juan Carlos, España)
Bernardo Berruecos (Universidad Nacional Autónoma de México)
Rodrigo Frías Urrea (Universidad Metropolitana de Ciencias de la Educación, Chile)
María Teresa Padilla (Universidad Nacional Autónoma de México)
Maximiliano Prada (Universidad Pedagógica Nacional de Colombia)
Francisco José Ramos (Universidad de Puerto Rico)

© Luis Montiel, 2024
© Para todos los países en lengua española:
Ediciones Antígona, S. L.
C/ Prim 15, local - 28004 (Madrid)
Tel: 91.119.17.32 / 640.631.054
info@edicionesantigona.com
www.edicionesantigona.com

Primera edición, 2024

Diseño de cubierta: IJdesign
Maquetación y corrección: Lara Velasco Aragón

ISBN: 978-84-10060-36-4
Depósito legal: M-27030-2024

Impreso en España / Printed in Spain

Luis Montiel

MAÑANA

Conversaciones nocturnas sobre la finitud

A quien conmigo va.

ÍNDICE

Los que no vuelven dicen siempre la verdad.
(Hölderlin, *La muerte de Empédocles*)

Se cuenta que Anaxágoras, como le propusieran
todas esas dudas y le preguntaran por qué el
hombre prefería la existencia a la nada, respondió:
«Es para poder contemplar los cielos y el orden
admirable del universo».
(Aristóteles, *Ética a Eudemo*)

Habla un Rey Mago

Los peces son agua en estado sólido.
Las aves son viento en estado sólido.
Los libros son silencio en estado sólido.

Llevo regalos al niño, a la niña que eres.

Que no te engañe tu edad: para lo que nos concierne aún eres un niño o una niña.

Mis regalos son simplemente «cosas mías» en el sentido de que las he adquirido con esfuerzo y alegría. ¿Te traerán alegría también a ti? El caso es que quizá no tendrías esas «cosas» si yo no te las llevara. La vida que te toca llevar no regala tiempo, precisamente. A ese respecto no me hago ilusiones. Por eso conversamos durante algunos minutos de la tregua nocturna.

Soy rey y mago (sabio, dicho sea sin arrogancia) y me he puesto en camino al servicio de tu vida y de tu muerte, porque tú eres la persona realmente importante. ¿Sigo una estrella o se trata de un espejismo?

Tengo que hacerlo porque me he esforzado en ser sabio, a ello he entregado mi vida y, si no he comprendido mal los mensajes del cielo nocturno, creo que no tendrás demasiado tiempo.

Parece que te matarán a los treinta y tres años. Ojalá no sea así, pero por si acaso.

Tú eres el niño, o la niña, a quien pertenece el futuro, pero no puedo saber si esa propiedad, como temo, te será robada.

Por si acaso...

Me he puesto en camino en nombre de la esperanza, aunque con escaso caudal de ella; me interesaba más llenar las alforjas de mis bestias de carga con las solidificaciones de silencios propios y ajenos. ¿Llegaré a mi destino, a ti?

De momento me basta con ser como aquel príncipe, o rey, fruto de los silencios de mi querido Dino Buzzati: aquel que partió con siete mensajeros en busca de un objetivo angustiosamente huidizo y fue quedándose solo. Necesidad me lo impone.

Después de leer estas líneas puede que pienses que hablo desde la tristeza o el pesimismo. ¡Nada de eso! ¿Es preciso tener esperanza para ser feliz? La verdad es que no lo creo. La incertidumbre es creativa mientras que la esperanza es la última maldición contenida en el vaso de Pandora. El viaje, sobre todo el viaje hacia un destino desconocido, es alegre. He comenzado diciendo que soy viejo, pero se trata solamente de una manera de hablar, o si lo prefieres, del reconocimiento de que me ha sido dado vivir más que tú, al menos de momento; y el amigo que me acompaña hoy, ese al que pertenecen las frases del comienzo, Pascal Quignard, piensa como yo:

El gozo deja rastros (...) La persona que goza no es vieja.

Soy viejo al modo del refrán: porque sé cosas que he aprendido, de manera que no echo de menos no ser diablo. Algunas de esas cosas son las que pretendo regalarte para que hagas con ellas lo que quieras. Lo hago porque para mí son valiosas: las más valiosas; y porque sospecho que te serán más necesarias a medida que te acerques a esa edad de la crucifixión que quizá no se produzca. Por desgracia el censo del Imperio que acompañó tu nacimiento y el mío, así como la matanza de los inocentes, no han cesado hasta nuestros días.

La finitud, lo efímero, es nuestro asunto, ¿recuerdas? Hablamos de la muerte, que vendrá, tan invisible como la frontera buscada por el príncipe de Buzzati, pero lo que construye nuestra vida es el pasado. En el fondo es de lo único que podemos hablar, y si hacemos caso a Quignard,

> ... *el lenguaje* es la única resurrección *para lo que ha desaparecido.*

Somos tan inconscientes que no nos damos cuenta de que lo único que sabemos de nuestra vida, lo único vivido con certidumbre, es lo que ya ha muerto; la raíz de la que se alimenta nuestro hoy.

> *El otro mundo es el pasado que regresa.*

Eso ya empieza a sonarte, ¿verdad? Pues despidamos nuestra conversación de hoy con este otro regalo del francés:

> *Con cada amor se cambia de pasado.*
> *Con cada novela que se escribe o que se lee se cambia de pasado.*
> *Esto es el pasado.*

He aquí lo que determina el pasado respecto del Antaño: se cambia de pasado, mientras que no se cambia de Antaño. Detrás del siglo, de la nación, de la comunidad, de la familia, de la morfología, del azar, lo que condiciona, sin acabar, condiciona. Materia, cielo, tierra, vida, constituyen sin perecer.

I

De todas las necesidades del alma humana
ninguna es más vital que el pasado.
Roberto Calasso. *El cazador celeste.*

El libro del que procede la cita ha sido el detonante, o con mayor propiedad, el núcleo de cristalización de estas reflexiones; reflexiones compartidas, pues solo puedo representármelas como conversaciones del estilo de las que mantengo desde hace años con quien, como tú, me regala su interés. Solamente cuando hablo con y para otros llego a decir cosas que son importantes para mí mismo.

El libro ha sido el núcleo de cristalización, y el tiempo el progenitor, masculino y femenino a la vez, de estas conversaciones nocturnas: el tiempo del que dispongo y, sobre todo, el tiempo que, a lo largo de la vida, he dedicado a aprender de quienes sabían. Hace ya algunos años, pocos relativamente, que siento que todo se articula, por fin; que todo lo hasta entonces disperso cobra sentido. El multiverso se hace universo y eso produce alegría y serenidad. Diverso, pero uno.

No es que *El cazador celeste* sea una especie de piedra filosofal. Es, eso sí, un gran libro al que le ha correspondido el azar de llegar a mis manos en un momento en el que puedo utilizarlo como la «sal de proyección» de los antiguos alquimistas. Pero el azar se detiene ahí, pues el hecho de que las páginas que me han puesto en marcha versen sobre el cosmos intelectual de la antigua Grecia —en un sentido amplio, como se verá—, se corresponde plenamente con lo necesario; pues necesario ha resultado ser, para mí como para tantos otros, el indagar en aquel tesoro para acabar de salir de la penumbra.

«De todas las necesidades del alma humana ninguna es más vital que el pasado». ¿Es porque de algún modo intuía esto por lo que acabé dedicándome a la historia? ¿Y es porque, aunque yo no lo supiera, el tesoro estaba en aquel lugar —en aquel pasado— por lo que los mapas que busqué sin reposo tenían la forma de narraciones? El caso es que, según me parece ahora, no he dejado de atender a mi alma que, agradecida, no me atormenta. Más aún: me recompensa con largueza.

El Zarathustra de Nietzsche se veía a sí mismo como una copa rebosante que se alegraba de poder desbordarse. Hoy comprendo que no había en ello fatuidad alguna. Gratitud sí: por la fortuna de haber podido encontrarse en esa situación a la que muchos con peor suerte —la vida puede hacer con algunos cosas terribles— no llegan nunca o llegan demasiado tarde. ¡Y la de Nietzsche, en concreto, no fue avara de esas cosas terribles!

Yo he tenido más suerte; mucha más. Por eso es de justicia que ahora ofrezca algo a quien pueda beneficiarse de ello. Al fin y al cabo, ¿no es eso lo que, durante toda mi vida, han hecho conmigo aquellos que aparecerán en estas conversaciones nuestras?

Pero volvamos al *Cazador*. ¿Por dónde empezamos?

Por sus últimas líneas.

Los Misterios no son algo que se pueda poseer, como un pensamiento: no son algo que se aplica, como una fórmula. Son un lugar que ofrece algo distinto cada vez que se vuelve. Para volver, sin embargo, es necesario alejarse, regresar a la vida común —para abandonarla de nuevo.

Los Misterios que aquí se mencionan son los de Eleusis, seguramente los más duraderos, y sin duda los más famosos del mundo antiguo. Luego nos ocuparemos de ellos, pero ahora, en la perspectiva de esa cristalización o constelación a la que me he referido, lo decisivo, lo verdaderamente importante, es la idea del regreso, el imperativo de *volver*; un volver que, a su vez, va precedido de una ausencia que es otro tipo de regreso.

Como veremos —como explican las palabras de Calasso— se trata de un viaje de ida y vuelta entre dos mundos; o más exactamente, entre dos dimensiones —¿*las* dos dimensiones?— del mismo mundo. Y el viaje —el vaivén— debe, para ser eficaz, ser permanente. El péndulo del ser no puede detenerse, por más que se trate de un péndulo singular, cuyas oscilaciones son diferentes, irregulares. No hay posibilidad de reiterativo tic-tac; solo tics a los que, cuando llegue la hora, seguirá el correspondiente tac.

Los Misterios de Eleusis «ofrecen algo distinto cada vez que se vuelve». No hay razones para pensar que en cada ocasión los *mystagógoi* alteren su fenomenología, su guion, como si su papel pudiera ser el de un empresario de *variétés*. Lo que ha llegado hasta nosotros es precisamente lo contrario. ¿Cómo puede ser, entonces, que aquello que el *mystes* contempla no sea lo mismo en cada caso?

Supongo que no soy el único que, sin duda en un registro diferente —¡pero no esencialmente diferente!— ha tenido esa experiencia. *La montaña mágica* es el lugar de mis retornos desde los dieciséis años. La repetición tiene mala fama. Para Freud era uno de los modos, seguramente el modo mayor, de la neurosis: repetir el mismo ritual tranquiliza, aun cuando, a la larga, resulte un remedio de valor negativo. Nietzsche descubrió el pensamiento del eterno retorno (de lo idéntico: *ewige Wiederkehr des Gleichen*) como algo radicalmente aniquilador: la serpiente que, entrando en la boca del pastor dormido, lo asfixia si este no es capaz de arrancarle la cabeza de un bocado. Cierto es que mediante el bocado la irrebatible existencia de la serpiente puede ejercer un efecto muy diferente a la asfixia. Imagino que algo diremos sobre ello más adelante.

Pero el volver no siempre se realiza bajo el modo de la repetición, de la tranquilizadora búsqueda de lo idéntico. Si puedo entender a los remotísimos antepasados que encontraron lo que buscaban en la visita repetida a los Misterios de Eleusis es porque, como ellos, he ido encontrando cosas muy diferentes cada vez que he leído el mismo libro, la misma historia, las mismas palabras. Desde luego no descarto nuevas lecturas de la «Castorpea» —en *Las máscaras de Dios* Joseph Campbell equipara, de mano maestra, la novela de Mann a la *Odisea*— si mi tiempo da de sí para ello.

Pero para que ese descubrimiento de cosas nuevas tenga lugar es preciso abandonar cada vez el santuario y volver al mundo cotidiano: el «regreso a la vida común» del que habla Calasso; común en un doble sentido: cotidiana y compartida, en buena medida «pública». Lo íntimo, como su nombre indica, se lleva guardado; en el *almario*, diría Unamuno. Aunque, eso sí, lo que ha cambiado en el interior del iniciado seguramente se infiltra de algún modo en su quehacer. El cambio experimentado puede no ser aparente, pero sin duda se ha producido. Me viene ahora a la memoria el pensamiento de otro buscador del que he aprendido no poco, a pesar de ser considerado un escritor de segunda fila, sospechoso incluso de «misticismo» en el más negativo sentido del término: Gustav Meyrink. En su novela *El rostro verde* se refiere a dicha experiencia en estos términos:

> *Estarás de nuevo donde estabas antes, como gustan comentar irónicamente los insensatos. No saben que es muy distinto volver a casa tras una larga estancia en el extranjero que no haber salido nunca de ella.*

II

No dejaba, sin embargo, signos visibles. Respecto de los no iniciados, se abandonaba Eleusis en la misma condición en la que se había entrado: los pobres con los pobres, los ricos con los ricos, los metecos con los metecos, los poderosos con los poderosos, los extranjeros con los extranjeros. Así como los otros no hubieran podido decir que fueran verdaderamente iniciados, tampoco el iniciado hubiera tenido nunca la certeza acerca de sí mismo. Por eso Eleusis era un lugar al que había que volver.

El iniciado nunca tiene la certeza de haber sido iniciado. Algo intuye, sin duda; algo percibe. Pero, ¿de verdad el cambio ha sido esencial? Por eso hay que volver. Por eso y por lo que se encuentra al regresar a la vida real.

¿He cambiado yo? ¿Ha cambiado algo? ¿No hay nada nuevo bajo el sol, como dicen que afirmó el sabio Salomón? El trabajo en uno mismo es muy valioso, como aseguran los religiosos, algunos filósofos y los psicoanalistas —¿una moderna Santísima Trinidad?—; pero, como con frase provocativa tituló Hillman uno de sus libros, llevamos *Cien años de psicoterapia y el mun-*

do va peor. Posiblemente esta deriva se percibe tanto más agudamente cuanto más real ha sido el cambio del —llamémosle así— iniciado, lo cual no deja de ser un síntoma positivo, una respuesta al menos moderadamente satisfactoria a la primera de esas preguntas. En todo caso la desazón experimentada por quien percibe esa realidad puede ser la causa fundamental de la repetición de la visita al santuario. Evidentemente, si el iniciado se regodea en el sentimiento de ser un elegido, un ser superior, desentendiéndose del mundo, no necesita volver a Eleusis.

Por otra parte, pienso que, en ese caso, el primer y único viaje tampoco le ha servido para nada. Por eso, sin ir más lejos (del mundo), escribo.

La certidumbre es inhumana; la perplejidad no.

No estoy totalmente de acuerdo con la primera frase de la cita de Calasso, por más que insista en esa idea:

> *La regla era el silencio y la metamorfosis invisible, ya no perceptible desde el exterior sino solo por quien la sufría.*

Convengo en que la iniciación —entiéndase el término en un sentido amplio— no deja signos *visibles*, pero a menudo deja alguno perceptible, aunque solo lo sea a través del «olfato». Lo veremos, pues en otros lugares de la obra el propio Calasso lo reconoce.

Hora es ya de saber qué enseñaban, en qué saber iniciaban los Misterios de Eleusis; y sobre todo, pues el mío no pretende ser un texto erudito de carácter anticuario, sino un documento de vida y al servicio de la vida, qué saber es ese que lo mismo se brinda en una novela del siglo veinte, en una poesía del diecinueve (o de finales del dieciocho; el espíritu no entiende de calendarios) o en un escrito filosófico del Renacimiento.

Es más que probable que muchos contemporáneos de los Misterios, incluso participando en ellos, no llegaran a descubrir el radical efecto transformador de la experiencia, sin negar que lo que para ellos representó fuera auténticamente valioso. El *Himno homérico a Deméter* proclama:

Dichoso, entre los hombres terrestres, el que los ha contemplado; pues el no iniciado en estos misterios, el que de ellos no participa, jamás gozará de igual suerte que aquel cuando, después de la muerte, descienda a la oscuridad tenebrosa.

Habría que conceder crédito a esta declaración, pues Deméter era, junto con su hija Perséfone/Core, la deidad que presidía el ritual en tanto que protagonista de la historia sagrada que le servía de modelo; el problema, la limitación del enunciado radica, a mi parecer, en esa referencia a la muerte. Una de las interpretaciones del ritual, especialmente de la parte correspondiente a la representación de la entrada del grano de cereal en el interior de la tierra y su ulterior «renacimiento» en forma de espiga, además de reproducir el ciclo del cultivo —y con él del mantenimiento de la vida en general— consistía y consiste en convertirlo en mensaje de esperanza en una vida más allá de la muerte. Así parece haberlo entendido, bastante más tarde y en otro contexto cultural, Cicerón:

No solo hemos encontrado ahí la razón para vivir más alegremente sino que también podemos morir con mayor esperanza.

Podría entenderse que la razón para vivir más alegremente es precisamente esa esperanza trasmundana. El éxito de la religión órfico-báquica —sobre la que, si tienes curiosidad, algo diré— y luego del cristianismo, reposa en ella. Los griegos del período homérico, micénico, pensaban en las almas de los muertos como figuras exangües que vagaban melancólicas por el Hades, como muestra la *Odisea* con ocasión de la *nékyia*, la navegación subterránea hasta el reino de los muertos, de Ulises y sus ya escasos compañeros en busca de Tiresias para que les informe del modo de regresar por fin a Ítaca. De haber podido conocer el himno, unos cien años más moderno, su mensaje habría resultado enormemente consolador para ellos. Pero algunas centurias más tarde aún existían pensadores a los que esa idea no satisfacía: en concreto algunos de los *physiólogoi* presocráticos. Si para ellos

los Misterios aún tenían algún sentido —y para Heráclito, por ejemplo, parecen tenerlo— debía reposar en algo diferente, cismundano en este caso: como si profesaran el «largo me lo fiais» de nuestro *Tenorio*. Lo que los Misterios ofrecen tendrá que ser eficaz en el aquí y el ahora de cada cual, y por eso mismo tendrá que ser reeditado mientras la vida siga. Vuelvo a Calasso:

> *«Se salva quien ha visto»: así dice el* Himno a Deméter *al llegar a su punto culminante (...) Los Misterios no servían solo para vivir de otro modo la vida después de la muerte. Los Misterios servían para vivir de otro modo en la vida. Servían para ver lo que todos ven, a cada instante. No cambian en nada lo que es. Cambian, sin embargo, todo en la percepción de lo que es. En este punto el misterio se volvía impenetrable a fuerza de ser demasiado claro.*

Ver, pero cambiando la percepción de lo que es. Lo misterioso —lo sagrado— está a la vista, pero la vista, o mejor, la mirada ingenua, solo lo percibe; y entre los rasgos que percibe en los objetos el único ubicuo es la caducidad. El aprendizaje de la *epópteia*, la visión, ¿consistía en descubrir «lo que es» más allá de «lo que se ve»?

En todo caso, en el fragmento citado aparece una palabra mágica que se contrapone al «largo me lo fiais» del discurso trasmundano: instante.

III

En su breve ensayo titulado *Elogio de lo efímero* sostiene Thomas Mann que lo efímero no es, como a primera vista podría parecer, algo triste, sino, por el contrario, algo que concede sabor a la vida. Es, afirma, *«el alma del ser»* y confiere a todo lo viviente *«valor, dignidad e interés»*. *Ex professo* he citado el texto, originalmente una conferencia radiofónica, tal como aparece en la traducción que poseo, aunque el original, *Lob der Vergänglichkeit,* permitiría y tal vez incluso exige la traducción del último sustantivo por «perecedero» —o bien, siendo exquisitamente fieles a la literalidad, cosa que no pretendo, «la finitud» o «la caducidad»—. No es que me parezca mal la elegida por el traductor, sino que ofrecer esta segunda opción conviene a lo que estoy intentando comprender y comunicar. Lo importante es que tanto en un caso como en el otro nos movemos en el entorno del *instante*, donde dejamos nuestra anterior conversación.

Lo perecedero: parece que Mann fue muy sensible a esa radical condición de cuanto podemos contemplar y del contemplador mismo. Con veinte años comienza a escribir su primera gran novela, *Los Buddenbrook*, tomada del natural pues en lo esencial describe la historia de su propia familia. El subtítulo que da a su obra es revelador: *Decadencia de una familia*. Su sosias en la novela, Hanno (Johann; el nombre de pila completo del escritor era Johann Thomas) traza una gran línea horizontal debajo de su nombre en el libro que recoge los eventos familiares. ¿Pesimismo? Seguramente: está bajo la influencia de Schopenhauer. Ya en la cuarentena escribe *La montaña mágica*, que calificará de «*Zeitroman* en un doble sentido»: el técnico —«novela de época» y el que, en el fondo, le importa más: «*porque el propio tiempo es su materia*»—. Novela del tiempo o sobre el tiempo; un análisis de la sociedad europea que conoce mediante personajes que, de manera muy explícita y concreta, están destinados a morir: todos menos uno, el protagonista, tuberculosos, y este deglutido por la Gran Guerra.

Vuelvo a preguntar: ¿Pesimismo? Esta vez no. A modo de pregunta —en el modo de la incertidumbre— se abre una puerta a la esperanza en la última línea de la novela.

El tiempo es la materia del relato; y el tiempo solo existe en la perspectiva de la caducidad. Pero solo los seres humanos tienen conciencia de ello. Incluso la efímera, el insecto al que hemos dado ese nombre a causa de la brevedad de su vida, no sabe que lo es.

Volvamos a Calasso. Recordemos:

> *Los Misterios servían (...) para ver lo que todos ven, a cada instante. No cambian en nada lo que es. Cambian, sin embargo, todo en la percepción de lo que es.*

Los Misterios, o en el caso de Thomas Mann y tantos otros, la lucidez adquirida por otros medios, permiten adquirir una percepción justa de «lo que es» cada cosa que se «ve». Y lo que es, su radicalidad, lo indiscutible, es su condición perecedera, pasajera, efímera. Esta es, creo yo, la raíz de la desazón que produce la idea de «perder el tiempo»: desperdiciar el instante efímero es anonadarse en vida. Adelanto que esto no debe entenderse como una apología del «hacer cosas». Puede que en algún momento me ocupe del concepto hillmaniano de *furor agendi*, la locura del obrar. De lo que se trata es de vivir —de posicionarse ante la realidad— de otra manera, con una mirada nueva: en perspectiva de la caducidad, de la muerte:

> *Teleté, teleuté, teleiotes, estas tres palabras tienen el mismo origen y dicen que la «iniciación», la «muerte» y la «perfección», pasando insensiblemente de una a otra, debían parecer indispensables a Platón, quien llegó a jugar con ellas con semejante ostentación: «Teléous aeì teletàs teloúmenos, téleos óntos mónos gígnetai», «solo se vuelve verdaderamente perfecto quien se inicia en iniciaciones siempre perfectas». No se puede ir más allá en el cortejo de la tautología, dejando entrever, al mismo tiempo, a la muerte.*

La iniciación perfecta pasa por el «descubrimiento» de la muerte. Por esa razón en los Misterios de Eleusis se muestra la muerte de la semilla en el interior de la tierra y su «resurrección» convertida en espiga, en fruto, a sabiendas de que el destino de esa resurrección es una nueva muerte. Solo un simple interpretaría el mensaje como un símil de la reencarnación, de la transmigración de las almas; aunque alguien tan poco simple como Pitágoras parece haber creído en ella —o así lo han interpretado muchos—. Más bien hay que pensar que en esa escenografía se funda la necesidad de volver a Eleusis cada cierto tiempo, quizá cada año: el auténtico iniciado ha aprendido que debe renovarse periódicamente; que lo aprendido en la vida cotidiana a través de su nueva mirada lo sitúa ante la necesidad de renovarse, de volver a buscar algo como lo que encontró en su primera experiencia desde un nivel que, necesariamente, ha de ser diferente, pues todo —todos los instantes, toda la realidad— se ha movido desde entonces sin descanso. El iniciado ya ha dejado de serlo y regresa a Eleusis como neófito. El lector de la novela —por mencionar el único ejemplo que conozco de primera mano— vuelve a leerla suscitando a menudo la indulgente incomprensión de muchos.

Hora es de traer a escena a Jung; como me conoces te habrá extrañado no encontrar su nombre en las páginas precedentes.

También habrás empezado a decir en tu fuero interno: «¡cuánto se parece todo esto al proceso de individuación!». Efectivamente, así es, y Jung sin duda lo supo, como supo que en otras religiones dicho proceso psicológico estaba también presente aunque referido en otro lenguaje, menos diferente en su expresión en imágenes que en la puramente verbal. Hemos llegado, según parece, a la psicología, pero no podemos olvidar que Jung llevó la psicología de su pretencioso rinconcito especializado —y racionalmente legitimado, a veces de manera «científica»— a su auténtico lugar de origen. No pienses, pues, en un embudo cuyo obligado desagüe sea la psicología junguiana, sino más bien en un vasto panorama —en la perspectiva del tiempo— en el que por fin la psicología ha descubierto el lugar que le corresponde.

IV

Jung comprendió —pues se trata simplemente de comprender, no de descubrir algo que está a la vista— que lo mismo que le sucede al cuerpo le sucede al alma. El cuerpo crece y cambia: el bebé no es como el niño ni este como el adulto, que también puede llegar a ser difícilmente reconocible al llegar a la vejez. En todo tiempo se ha sabido que también se «madura» a nivel psicológico, pero ni se ha prestado mucha atención a ese proceso ni se ha intentado comprender sus reglas hasta muy recientemente. Incluso Freud, que abrió el camino a Jung, no se planteó la lógica de un proceso, a la postre tan natural como el fisiológico, a nivel del psiquismo, quizá porque los árboles de las disrupciones patológicas, a las que dedicó su vida, no le permitieron ver el bosque del devenir psíquico. Puede que esa fuera también la razón para que su discípulo rebelde eligiera dejar de lado términos como «psique» o «psiquismo» —aunque los utilice a menudo en un contexto técnico— para recuperar, con contenidos nuevos a fuer de perdidos en el pasado, el de «alma», y nombrara su tarea como «psicología analítica» dejando para la ortodoxia freudiana el de psicoanálisis, que por derecho, además, le pertenecía.

El proceso de individuación, clave de bóveda de su sistema, no es una simple y pasiva «maduración», inevitable por así decir, en la que no intervendría la autonomía del sujeto y en la que las experiencias con el mundo que le rodea provocarían de manera «natural» inevitables cambios, prácticamente los mismos en todas las personas, salvo en aquellos que «nunca maduran». No pretendo extenderme en una explicación académica, de modo que me limitaré a enunciar como sucesos que pueden determinar cambios sustanciales en dicho proceso aquellos que se ajustan al esquema —¡qué duro me resulta utilizar estos términos tan mecánicos!— de muerte y renacimiento: muerte del viejo yo —siendo el Yo algo por necesidad cambiante— y renacimiento, o si se prefiere, rejuvenecimiento del mismo. La *nékyia* que ya he mencionado, el viaje —seguido de regreso— al reino de Hades sería el modelo mítico occidental por antonomasia. Con lo que hemos regresado a nuestro hilo conductor, el texto de Calasso.

> *Se salva quien ha visto: así dice el Himno a Deméter al llegar a su punto culminante. No se salva quien es bueno o ha obrado bien, sino quien ha visto. ¿Pero qué? Las* orgias, *indisoluble mezcla de* drómena, deiknýmena, legómena, *«cosas que se hacen, cosas que se muestran, cosas que se dicen». Esta visión, la* epópteia, *está por encima de los méritos y las culpas. Es ella misma el bien —lo suficientemente fuerte como para garantizar a quien la ha alcanzado una vida futura «feliz»,* ólbios. *A los demás tocará* [según el Himno] *la tiniebla putrescente.*

Para llegar a *ver* en los Misterios a la mayoría le hace falta cierta guía: *drómena*, el ritual, que crea un ambiente; *deiknýmena*, la mostración del grano y de la espiga; *legómena*, la explicación de lo que se está contemplando, para ver más allá de las apariencias. Así fue desde hace unos dos mil setecientos años hasta ya entrada nuestra era. Malo sería que ese «organismo psicofísico» que es, también, la humanidad, no hubiera proseguido con su proceso de individuación. Por suerte algo hemos aprendido.

Permíteme que cambiemos por un momento —por una noche— de guía, pues dada la continuidad del mensaje no me parece disparatado dar un salto hasta nuestros tiempos. Lo que sigue pertenece al libro titulado *Suicide and the Soul*, de James Hillman, de momento sin traducir a nuestro idioma.

> *La muerte es el único absoluto de la vida, la única certidumbre; la única verdad (...) Vida y muerte están contenidas cada una en la otra; cada una completa a la otra; solo pueden comprenderse en su relación mutua. La vida adquiere su valor a causa de la muerte, y vivir en expectativa de la muerte es el modo de vida frecuentemente recomendado por los filósofos: si solo lo que vive puede morir, solo lo que muere está realmente vivo.*
>
> *La filosofía es un ensayo de la muerte, como dijo Platón (...) Acercarse a la muerte significa morir en el alma diariamente, del mismo modo que el cuerpo muere en los tejidos. Y así como los tejidos del cuerpo se renuevan, el alma se regenera a través de las experiencias de muerte (...) Spinoza dio la vuelta a la máxima platónica diciendo (...) que el filósofo no piensa en nada que no sea la muerte, pero que la suya no es una meditación de muerte, sino de vida.*

Esa parece haber sido la convicción de Thomas Mann; su intuición al escribir *Los Buddenbrook* y su definitivo descubrimiento en *La montaña mágica*:

> *La muerte es el principio genial, la* res bina, *la* lapis philosophorum, *y es también el principio pedagógico, pues el amor de ese principio conduce al amor de la vida y del hombre (...) Hay dos caminos que llevan hacia la vida. Uno es el camino ordinario, directo y honrado. El otro es peligroso, es el camino de la muerte, y este es el camino genial.*

Creo que esta declaración me permite extender sin límites el contenido semántico de la palabra «filósofo» tal como se emplea en el texto de Hillman: no parece indispensable para los fines del alma ser un filósofo profesional ni haber cursado una carrera en dicha especialidad: Thomas Mann solo llegó a tener estudios secundarios, y con mediocres calificaciones. Sí parece, en cambio, necesario tener los ojos abiertos a los Misterios, se revistan estos con los ropajes de Eleusis o con los de lo cotidiano: «*He visto morir a mi padre, sé que moriré y este pensamiento me resulta familiar entre todos. Está en el segundo plano de lo que pienso y escribo*», reconoce el novelista en su *Fragmento sobre el sentimiento religioso*.

Así debe ser, al menos según filósofos como Platón y Spinoza y psicólogos como Jung y Hillman. No hace falta que añada que profeso tal convicción. Igual que el último de los mencionados creo que

> *... la muerte no puede ser rechazada hacia el futuro y reservada para la vejez. Cuando seamos viejos ya no tendremos tiempo para disponer de experiencias de muerte.*

Temo que esta conversación se prolongue demasiado. Callaré, pues, dejando la palabra al lúcido intérprete de los impulsos suicidas.

> *La muerte del organismo tiene un poder absoluto sobre la vida cuando la muerte no ha sido permitida en mitad de la vida. Cuando rechazamos la experiencia de muerte rechazamos también la pregunta esencial sobre la vida, y la vida queda inconclusa. En esa situación la muerte del organismo nos impide enfrentar la pregunta definitiva y anula cualquier posibilidad de redención. Para evitar este estado del alma, tradicionalmente denominado condenación, estamos obligados a ir hacia la muerte antes de que ella llegue a nosotros.*
> *El impulso hacia la muerte no debe ser concebido como un movimiento contrario a la vida, pues muy bien puede ser la búsqueda de un encuentro con la realidad absoluta, la búsqueda de una vida más plena a través de la experiencia de la muerte.*

Caminar hacia la muerte conscientemente, como propone la filosofía, debería ser un logro humano fundamental, como nos muestran las imágenes de nuestros héroes religiosos y culturales.
La experiencia de la muerte es necesaria para separarse del flujo colectivo de la vida y descubrir la individualidad.

Para mí es una afortunada casualidad haber llegado a contar esto esta noche, noche de Viernes Santo. El alma tiene estas cosas para con quien la cuida.

V

Volvamos al *instante*, la noción a la que tanto valor di en el marco de una de las citas de Calasso en una conversación anterior, pues creo que es consustancial con esa manera de *ver* que no es solo captar con la mirada, sino ser capaz de «percibir lo que es». En ese acto *instantáneo* cambia, de modo sutil, no necesariamente espectacular, la vida, y lo hace de modo que comprendemos que, a partir de entonces, cada *instante* es valioso y cada ser que de ese modo contemplamos deja de ser como una mariposa clavada en un corcho con un alfiler.

Así es como, para nosotros, Heráclito deja de ser «el oscuro» cuando acudimos a lo que queda del libro que depositó en el templo de Artemisa en Éfeso a finales del siglo VI o comienzos del V anteriores a nuestra era. Abandonemos por un rato a nuestro guía italiano—¿nuestro Virgilio? ¡No pretendo dármelas de Dante, pero lo que don Roberto hace con nosotros se parece bastante a aquel viaje por ciertos círculos!— y sigamos el sinuoso camino del aristócrata efesio.

No sé —creo que no se sabe— si presenció los Misterios eleusinos, pero sin duda había adquirido el conocimiento que intentamos compartir. En todo caso no parece haber sido un entusiasta de sus rituales, o mejor, del efecto que los mismos podían tener sobre muchos supuestos iniciados:

En aquello que los hombres toman por misterios sagrados se inician impíamente.

En esta dirección parece apuntar su fragmento más conocido y generalmente mal citado, pues suele hacerse a través de terceros: ese que, supuestamente, proclama que «nadie se baña dos veces en el mismo río». No es que esa interpretación sea errónea, pero desde luego es parcial, y por tanto insuficiente. La de Alberto Bernabé, a quien respeto mucho, dice así:

A quienes penetran en los mismos ríos aguas diferentes les corren por encima.

Efectivamente, la lectura más conocida puede ajustarse a *algo* de lo que propone el aforismo; algo importante, sin duda, en la línea que comenzamos a seguir: la del descubrimiento del instante. *Uno* que penetra en el mismo río en ocasiones sucesivas se baña en aguas diferentes, pues fluyen; pero en cuanto se habla de más de uno, como hace Heráclito, surge una segunda lectura: *el otro*, o *cada uno de los otros*, no son bañados por las mismas aguas que el primero. En el caso de las iniciaciones puede decirse lo mismo; ya puede el ritual ser uno, que «correrá» de manera diferente sobre cada cual. Como dirá, un par de siglos más tarde, Sócrates refiriéndose quizá a este, quizá a otro ritual:

Muchos portan el tirso pero no todos son bacos.

Dicho lo cual volvemos a nuestro asunto de hoy: más correcta o menos fina, la lectura escolar del aforismo a él concierne pues, en su coagulación en fórmula —*panta rhei*, todas las cosas fluyen—, se hace profesión de fe en lo perecedero de cuanto existe, y con ella en el insustituible valor del instante. Quizá pensaba en eso Goethe cuando hace decir a su Fausto:

Werd'ich zum Augenblicke sagen:
Verweile doch! Du bist so schön!
Dann magst du mich in Fesseln schlagen,
Dann will ich gern zugrunde gehn!

«Si llego a decir al instante:
¡Permanece! ¡Eres tan bello!
Podrás entonces cargarme de cadenas;
Sucumbiré de buen grado».

Hay que descubrir la belleza, el extraordinario vigor de realidad del instante; llegar a pensar esa invocación que no debe atravesar la barrera de los labios, pues el instante congelado equivale a *zugrunde gehn*, a morir. Vuelvo a preguntar, cambiando de sujeto: ¿pensaba en Goethe, en su *Fausto*, Thomas Mann cuando llevó a Hans Castorp al borde de la entrega a la congelación en su alocada aventura de esquí en *La montaña mágica*? «*Mi corazón, que late tumultuosamente, no piensa en modo alguno dejarse recubrir por esta cristalometría estúpida y regular*», dice el joven, recordando el seductor aspecto de los cristales de nieve que días atrás observó al microscopio. Hay que reconocer la belleza del instante, pero conociendo antes la ley del devenir —que es, por otra parte, la que nos permite dar al instante todo su peso, toda su belleza.

Heráclito supo encontrar en su propio acervo cultural la imagen de algo instantáneo que abría las puertas a la percepción de lo divino; algo que, nacido de la propia naturaleza, de su movimiento, de su eterno cambio, había sido elegido por los antepasados de su raza como el atributo por antonomasia de Zeus, el primero de los dioses —con permiso, eso sí, de sus hermanos—: el rayo. *Si non è vero è ben trovato*, debió de pensar; porque para él

... todas las cosas las timonea el rayo.

Timonea: bonita traducción. En otros lugares la he visto sustituida por «gobierna», lo que no me parece mal si recordamos que *gobernalle* es sinónimo de timón. El rayo no gobierna imperando, sino llevando el timón de una navegación que es ella misma un fluir. Zeus, nombre que tiene un sinónimo poético en el propio idioma helénico: *Dios*, nos muestra su esencia en la fulguración del instante, de ese instante que llama la atención sobre sí mismo con mayor fuerza que ningún otro. El rayo advierte sobre *Dios*, da testimonio de *Dios/Zeus*: lo que está más allá del instante. El fluir; el devenir. No el SER, que es solamente una especie de aberración óptica, sino el *ser siendo*. El rayo solo dura un instante; y como él todo lo demás no cesa de llegar y desaparecer. Al fondo, lo que produce el rayo y todo lo demás; pero eso no es *Dios*. A *Dios/Zeus* los rayos se los forja Hefesto. Y así, ¿hasta dónde llegamos?

Habrá que seguir caminando con Heráclito, pues sabe lo que puede ayudarnos:

> *Lo sabio, que es solo y único, no quiere y quiere verse llamado por el nombre de Zeus.*

VI

Ayer, mientras escribía, —la sexta *Nocturna* nació a media tarde— ocurrió algo que de momento solo me hizo sonreír y que no he terminado de procesar hasta pasadas algunas horas. El dispositivo electrónico que tengo sobre la mesa, que solo utilizo para oír música, anunciaba: «aviso amarillo por tormentas»; y efectivamente estábamos en medio de una de lluvia y granizo. Muy lejos, al otro lado de la sierra, tronaba continuamente. Solo se escuchaba un redoblar amortiguado. Me faltaba poco para terminar, ya me acercaba al fragmento sobre el rayo que timonea todas las cosas cuando un único rayo fulguró ante mi vista, estallando con estruendo el trueno acompañante. Supongo que respondí con media sonrisa y con el pensamiento, también a medias formulado: «¡que afortunada casualidad!».

Hoy, Domingo de Resurrección, de madrugada, aún en la cama, recién despierto, he evocado ese recuerdo y pensado: «la naturaleza devuelve poesía a quien le tributa veneración». Y me he sentido... confirmado.

Así que volvemos junto a Heráclito.

> *Lo sabio, que es solo y único, no quiere y quiere verse llamado por el nombre de Zeus.*

No quiere: los seres humanos tenemos la mala costumbre de asociar la imagen de una divinidad personal a la religión. Lo sagrado que late detrás de la imagen desaparece o, lo que es peor, se deforma bajo el corsé de hierro de una dogmática y una preceptiva.

Quiere: ¿De qué otro modo tendrían los seres humanos un atisbo de lo único que puede salvarlos del eterno tironeo a que los somete su escindida constitución? ¿Con qué otro lenguaje podrían empezar a concebir lo sagrado?

Algo más: Heráclito, aunque lo piense, no hace uso, creo que con toda intención, de ese término que he empleado dos veces seguidas: sagrado. Prefiere llamarlo «lo sabio»; de quien, por cierto, afirma que es solo y único. Y que, pudiendo ser nombrado Zeus y tener por atributo el rayo, timonea todas las cosas. ¡Timonea! ¡No está fuera de la nave!

¡Claro! Como que *es* la nave, de la que «todas las cosas», todos los seres, formamos parte.

> *Para los que están despiertos el orden del mundo es uno y común, mientras que cada uno de los que duermen se vuelve hacia uno propio.*

¡Cuán harto estaría «el Oscuro» de escuchar a los dormidos de nuestros tiempos esa muletilla de «mi verdad»! Y cómo asentiría al Machado que apostilla:

> *No tu verdad: la verdad.*
> *Vamos juntos a buscarla.*
> *La tuya, ¡guárdatela!*

Con los años también yo he llegado a pensar que «mi» y «verdad» son términos mutuamente excluyentes, que pese a todo se combinan con facilidad y que desembocan en las más crueles aberraciones. Comprendo, desde luego, que es fácil caer en la tentación de pensar en una verdad de cada uno en la vida corriente, es decir, en la que concierne a la actitud ante los sucesos cotidianos, si antes no se ha sabido que *la verdad* es algo que no pertenece a nadie en exclusiva, porque es la nave que nos contiene, timoneada por el rayo.

> *Todo es signo. Pero se necesitan una luz o un grito desgarradores para atravesar nuestra miopía o nuestra sordera.*

Una luz desgarradora, como la del relámpago que acompaña al rayo. La declaración precedente pertenece a Abel Tiffauges, el ogro sediento de ternura, el *Rey de los alisos* de Michel Tournier, el único narrador que ha llegado a la altura de Thomas Mann en mi santuario literario. No es fácil darse cuenta de que todo lo que llamamos «cosa» es signo, remite a algo más real, más poderoso, sagrado, ya que ese término ha sido acuñado y no ha dejado de ser útil una vez que se le despoja de vestiduras talares.

Pero signo ¿de qué? ¿Y qué significa, desvestido de oropeles, «sagrado»? Preguntemos a Heráclito. ¿Qué nos responde? ¿Qué nos da? ¿«Su» verdad, quizá?

> *No escuchándome a mí, sino a la razón, sabio es reconocer que todas las cosas son una.*

Una; y es «sabia»; y «no quiere y quiere que la llamen Zeus». Sientes que nos vamos acercando, ¿verdad? Pues no dilataré más la espera.

> *Este orden del mundo, el mismo para todos, no lo hizo Dios ni hombre alguno, sino que fue siempre, es y será; fuego siempre vivo, prendido según medidas y apagado según medidas.*

En otras traducciones que poseo de los *Fragmentos* —y en el texto griego— lo que Bernabé traduce por «orden del mundo» se escribe «cosmos», *kosmos*, que, en efecto, posee las connotaciones de bello y ordenado. Y su esencia es fuego (*pyr*), según Heráclito, pero el atributo que le adhiere es lo que, definitivamente, resulta más importante: *aeizóon*, eternamente viviente.

Tanto él como sus contemporáneos, al menos aquellos filóso-fos-*physiologoi* llamaron a esa vida única y multiforme, «eter-na» en su manera de ver, *physis*.

Y esa *physis* no es simplemente «física», en el sentido que hoy le damos a esa palabra, porque si es eterna, o como tal pue-de llegar a ser percibida, y lo timonea todo, para concebirla no tenemos más remedio que incorporarle —¡no a ella! A nuestra necesariamente limitada representación intelectual— eso para lo que no hemos encontrado otra palabra que «alma»:

> *Límites al alma no conseguirás hallarle, sea cual fuere el ca-mino que recorras. ¡Tan profunda es la razón que tiene!*

Razón: *lógos*, en el original. El *lógos* de *psykhé* es *bathun*, pro-fundo; y sin límites: como el *pyr aeizóon*; porque es la *physis* misma, del mismo modo que la *physis* es *psykhé*: el alma es natu-raleza y la naturaleza es el alma. Uno. «Zeus».

VII

Por el camino de Heráclito —«*camino arriba, camino abajo, uno y el mismo*»— regresamos a los Misterios y a su diferente grado de eficacia según el filósofo, pues ya vimos que el *Himno a Deméter* y Cicerón no parecían hacer distingos entre los iniciandos. Ni el autor del *Himno* ni el político romano parecen tener en cuenta que no todas las personas llegan de la misma manera al ritual, por lo que la *epópteia* puede significar cosas diferentes para diferentes devotos.

Quiero decir con esto que, a mi parecer, lo que Heráclito descarta como punto de partida es que lo sagrado sea sobrenatural; es, eso sí, extraordinario, en el más puro y etimológico sentido de la palabra. En el registro de lo ordinario es casi imposible convertirse, de la noche a la mañana y por obra de una ceremonia, en *epoptes*. Y en ese registro

> *... se ven engañados los hombres respecto al conocimiento de las cosas manifiestas.*

Los Misterios de Eleusis tienen por objeto enseñar —recordémoslo— a *ver* las cosas manifiestas. La *epópteia*, la (nueva) visión consiste en ir más allá de la superficie, que nos engaña con la ilusión de la multiplicidad y nos hace perder la perspectiva del devenir. Cuando Heráclito dice:

> *las cosas cuyo aprendizaje es vista y oído, esas son las que yo prefiero,*

está declarándose en contra de cualquier tipo de especulación puramente mental que no parta de la observación de lo sensorialmente perceptible, pero con ello no está legitimando una sensorialidad ruda, pues

> *... malos testigos para los hombres ojos y oídos de los que tienen espíritus que no comprenden su lenguaje.*

Epópteia es saber ver; *saper vedere,* como en su día dirá Leonardo da Vinci del fundamento del arte pictórico; en palabras ya citadas de Calasso, «*ver lo que todos ven a cada instante* [cambiando] *todo en la percepción de lo que es*». Bien está asistir a un ritual y dejarse llevar, pero, como afirma el filósofo de Éfeso,

> *... si uno no espera lo inesperado no lo encontrará, pues es difícil de escudriñar y de alcanzar.*

Hay que ir a lo continuamente presente, aunque no inmediatamente visible; a lo que tenemos delante de los ojos, pero púdicamente —o juguetonamente— velado:

> *Physis kryptesthai philei.*
> *La verdadera naturaleza gusta de ocultarse.*

La naturaleza: «*las cosas manifiestas*»; manifiestas, pero ocultas; «*difícil de escudriñar y de alcanzar*». Siempre ante nosotros, y nosotros mismos parte de ella, y sin embargo invisible para los más en tanto que unidad y totalidad:

Con lo que más habitualmente tratan [los seres humanos] *se hallan en desacuerdo.*

No solemos comprender lo que son «las cosas» mientras las tomemos como «cosas», y no como aspectos de la multiforme *physis.* ¡Y qué decir de nosotros mismos en esa misma perspectiva! Yo: una cosa; tú: otra cosa; él o ella: más cosas. El animal, la planta, la piedra, el astro, y así hasta el infinito. Y no excluyo —eso me lo ha enseñado Hillman— los objetos fabricados por los seres humanos, que, como emanaciones de su personalidad, tienen también su alma, más sana o más enferma. Volveremos sobre ello pronto, en cuanto hablemos del alma del mundo. Todo ese desacuerdo es trágico y ya estamos viendo sus consecuencias, pero el mayor grado de tragedia se da en la relación de cada uno consigo mismo, normalmente aquello «*con lo que más habitualmente tratamos*».

No escuchándome a mí, sino a la razón, sabio es reconocer que todas las cosas son una.

¡Sí, eso es lo sabio, qué duda cabe! Pero ¡es tan difícil! Cuando lo uno, la naturaleza, gusta de ocultarse, no es armonía lo que nuestros pobres sentidos contemplan:

Preciso es saber que la guerra es común; la justicia, contienda, y que todo acontece por la contienda y la necesidad.

¿Adónde hemos llegado? Esto parece sumamente interesante, pero también extraordinariamente sutil. ¿Lo dejamos para una próxima conversación?

VIII

Disculpa que no siga una línea recta, un orden lógico. Hacerlo tiene, sin duda, sentido, pero dejar de hacerlo de vez en cuando también lo tiene: necesidad impera y da sentido. Hoy he sido llamado por un recuerdo y sospecho que he de serle fiel.

Durante el tiempo dedicado a la siesta no suelo dormir, pero sí dejar que fluyan imágenes y reflexiones; sin propósito las primeras, vengan de donde vengan, y las segundas al hilo de aquellas. Hoy han vuelto a mí paisajes imaginados de la Alemania romántica.

¿Por qué esa querencia mía por tal período, o mejor, por la construcción, sin duda sentimental, del mismo en mi fuero interno? Es algo que ya tengo casi elucidado y que intentaré poner en negro sobre blanco gracias a estas *Nocturnas*. Tiene que ver con el parentesco que no solo en mí se establece entre algunas de las cosas que ya he compartido acerca de ciertos aspectos de la vida espiritual de la Grecia arcaica y preclásica y los correspondientes del romanticismo original. Insisto en advertir que ese parentesco surge *en mí*, aunque me consta que es compartido por otros mucho más respetables. También subrayo que el hecho de que su presencia se fundamente *en mí* o bien en el fuero interno de otros, no le resta, creo yo, ningún valor. Más bien al

contrario: lo hace digno de ser reflexionado y compartido para
su ocasional contraste.

Paisajes imaginados; uno en concreto esta tarde: el que me
representé a bordo de un avión cuando comencé la lectura de
Unterm Rad (*Bajo la rueda*), de Hermann Hesse.

Regresaba a Madrid desde Lübeck vía Hamburgo. Dietrich
von Engelhardt, especialista en medicina del romanticismo alemán, a quien conocí con ocasión de mi estancia en Heidelberg
en 1982, me había invitado a una reunión sobre Medicina y literatura celebrada en un edificio que había frente al *Katharineum*,
el instituto en el que Thomas Mann cursó con más pena que
gloria su bachillerato. No quedé muy contento con mi oxidado
alemán, así que decidí buscar algo que me permitiera refrescar
vocabulario más allá del propio del contexto profesional, por
más que este, en el caso de quienes participábamos en dicha
reunión, era razonablemente más amplio que el exigido en otros
campos. Respetando a Hesse he de reconocer que no llega a fas-
cinarme, pero es lo mejor que pude encontrar en una librería
del aeropuerto, falto de tiempo para haber acudido a una más
exquisita en la ciudad hanseática.

Esas primeras páginas a las que me refiero sí que me encan-
taron. Describían una pequeña ciudad que conservaba todo su
encanto tardomedieval y renacentista; es decir, el paisaje ya ur-
bano, pero aún muy próximo a lo rural, que casi todos asocia-
mos a los vocablos «alemán» y «romántico». Las imágenes
suscitadas por aquella lectura son las que han decidido solicitar-
me esta tarde, en ese momento de apertura en el que ni la razón
ni la obligación imperan sobre el pensamiento; y eso que desde
entonces han pasado más de veinte años.

Esa Alemania ya no existe. Yo no la he conocido. Lo que no se
llevó por delante la Segunda Guerra Mundial lo han laminado el
desarrollismo de posguerra y el contemporáneo neoliberalismo,
de modo que lo único que queda de aquello es lo preservado,
maquillado y, a veces, sometido a cirugía estética en nombre de
la industria turística. Para recuperar aquel mundo, sin duda no
de manera ingenua, sino añadiéndole —también eso es cosmé-

tica, aunque a otro nivel— lo que sueña el anhelo de cada cual, hay que echar mano de antiguas estampas y de descripciones en palabras como la mencionada de Hermann Hesse. Buscando una verdad perdida uno tiene que ser suficientemente lúcido y honesto como para reconocer que está sirviéndose de algo que puede ser una mentira. Y si el medio es sospechoso habrá que intentar limpiarlo desde el fin buscado.

Una estampa —una postal; un grabado; un óleo sobre lienzo...— es, entre otras cosas, un test proyectivo, como dicen algunos psicoanalistas. La imaginación tiene la irrefrenable tendencia a darle vida, y lo normal es que se ponga al servicio de un deseo. «¡Qué bonita era la Alemania romántica!». Pero quien así piensa, ¿habría, realmente, deseado vivir en el interior de ese paisaje?

Horas de oscuridad que no todos podían paliar con una correcta iluminación artificial. Hambre a veces, para muchos a menudo. Frío cuando correspondía. Enfermedades que hoy pueden curarse y ayer no, entre ellas infecciones sin cuento, a menudo epidémicas, y a causa de muchas de ellas una espantosa mortalidad infantil. Y los estudiantes que querían cambiar el mundo —que no eran todos, ni siquiera la mayoría—, recibiendo golpes, calzando medias agujereadas, soportando el desprecio de los filisteos y de sus compañeros que también se alineaban ya en las filas de estos aunque se creyeran mejores que aquellos burgueses a quienes secretamente envidiaban.

Mejor dejar las cosas como están en la estampita. Mucho mejor quedarse con Ludwig van Beethoven y con Caspar David Friedrich. Pero esto no es jugar limpiamente.

Y sin embargo, ¡hay tanta magia —para mí al menos— en esa estampa, sea icónica, musical, filosófica, incluso científica y médica! Una relación con la naturaleza que yo, nacido urbanita de clase media-baja, no he podido experimentar hasta bastante tarde; una necesidad de convivir que, con todas sus limitaciones —«ciudad pequeña, infierno grande»— parece preferible al aislamiento individualista de nuestras grandes urbes; incluso esa ingenuidad que retraté en el título de uno de mis libritos:

«cuando todo parecía posible», refiriéndose ese «todo» no a volar en un avión, sino a alcanzar un nivel de humanidad como el soñado por la Ilustración, pero sin guillotina.

Había demonios escondidos en esas bellas casas de tejados vertiginosamente inclinados, de vistosas vigas entrecruzadas; en aquellos vetustos castillos semiescondidos entre árboles en las laderas de oscuros bosques, en los molinos hidráulicos y en los pozos de piedra. Demonios agresivos y también el de la pasividad, no menos destructor. Hay que saber detectar el veneno, pero su presencia no debe quitarle un adarme de gracia a lo que alguien quiso preservar y otros estamos dispuestos a recibir para, con ello, seguir construyendo en nombre de lo mejor.

Quedémonos con ese nostálgico de *nuestra* Grecia que fue Hölderlin; con ese «presocrático» y herético Schelling que, siendo filósofo, cautivó a los naturalistas y a los médicos. Dejemos que emerja ante nosotros el vínculo que une a Heráclito, Empédocles y los Misterios con ellos y con... ¿nosotros?

Panta rhei.

IX

Preciso es saber que la guerra es común; la justicia, contienda, y que todo acontece por la contienda y la necesidad.

Aquí nos quedamos hace un par de noches. Como hoy no he tenido «visión» alguna puedo retomar el hilo de nuestra conversación.

La redacción del fragmento da a entender que lo que en él se dice va a contrapelo. Heráclito podría haber dicho igualmente: «te guste o no, entérate de que...». Y la verdad es que, de entrada, no se trata de un pensamiento agradable. A todos nos gustan la concordia y la tranquilidad que proporciona. Varios fragmentos arrojan algo de luz sobre esta declaración:

No comprenden cómo lo divergente converge consigo mismo: ensamblaje de tensiones opuestas, como el del arco y la lira.

El movimiento y la generación de lo nuevo dependen de la tensión de los opuestos: sin la resistencia de la madera a la tensión de la cuerda y de la resistencia de esta a la tensión de la madera no habría flecha que pudiera dispararse; sin la resistencia del marco a las cuerdas y de estas al marco no surgiría ese milagro inexistente antes que es la música.

Las cosas frías se calientan, lo caliente se enfría, lo húmedo se seca, lo árido se humedece.

Es así y no hay nada que discutir: cualquiera puede verlo. Es decir, es *ley*. Más acá de lo que esa frase significa respecto del nacimiento de la primera física teórica y de la primera ciencia sobre la vida —al menos en Occidente— la experiencia cotidiana muestra que la realidad —la naturaleza— no se produce de otra manera.

Salto, con tu permiso, a otro fragmento que suele interpretarse de manera diferente, tomándome la libertad de asociarlo al anterior:

De la justicia no sabrían ni el nombre si no hubiera estas cosas.

Si no hubiera tensión, en ocasiones bajo el aspecto de la contienda; si solo hubiera vida sin muerte, alegría sin sufrimiento, sería difícil llegar al pensamiento de la justicia como necesidad, como ley; o si se prefiere, al reconocimiento de que una ley que gobierna la naturaleza solo puede ser justa, nos guste o no. Camus se rebeló, en nombre de lo humano, contra la muerte, citando en sus *Cartas a un amigo alemán* el *Oberman* de Senancourt:

El hombre es perecedero; puede que sí. Pero perezcamos resistiendo. Y si nos está reservada la nada, no hagamos que eso sea justicia.

Amicus Camus, podría yo decir ahora echando mano de un conocido *dictum* latino —sobre todo en un contexto concreto, histórico-político en el caso del francés— *sed magis amicus Heraclitus*, en el contexto más abarcante tanto de lo humano como de lo natural. Precisamente porque, a primera vista, la muerte nos parece una injusticia es por lo que estamos obligados a escudriñar lo difícil, como Heráclito nos exigía en otro fragmento, hasta comprender que *lo absolutamente necesario* no puede ser más que justo, en un registro, desde luego, más amplio y abierto que el humano, demasiado humano —Nietzsche *dixit*— al que sin duda hay que apelar cuando la muerte no es la decretada por la naturaleza sino por la maldad de otros seres humanos. Que yo muera es irrebatiblemente justo; que me maten no lo es. Pero en general a los seres humanos no les gusta ni una cosa ni la otra. De ahí que sean necesarios los Misterios y, para una gran mayoría, las religiones.

La justicia de la naturaleza: sobre ella habríamos de construir, como Héraclito y alguno más de sus contemporáneos, una vida perecedera hecha de instantes irrepetibles:

El sol es nuevo cada día.

Hace unas cuantas noches me rebelaba, seguramente bajo la influencia del filósofo, contra el «nada nuevo bajo el sol». Incluso él, Heráclito, parece decir algo así en otro de sus fragmentos:

Una sola es la naturaleza de cualquier día; un día es igual a otro.

Pero no nos engañemos; Heráclito señala expresamente «la naturaleza» del día, y la Naturaleza, la omnigeneradora, es infatigable creadora de formas, de eventos. La naturaleza de cualquier día es una, pero los fenómenos que, tornasoladamente, se manifiestan en su seno son diferentes entre sí y a menudo cambiantes en sí mismos de un instante a otro. Por eso «el sol es nuevo cada día»; o, como de manera más poética lo enunciará el profundo Pascal Quignard,

Tous les matins du monde sont sans retour.

Lo cito en francés porque no encuentro una traducción que le haga justicia. ¿Todas las mañanas del mundo son sin retorno?

¿Todo amanecer es irrepetible? En todo caso la frase señala tanto lo efímero del acontecer como la mezcla de nostalgia y embeleso que produce el reconocimiento de esa fugacidad. Parafraseando a Camus en su cita —que me perdone la arrogancia— diría que si es inevitable perecer hagámoslo gozando de lo sagrado de ese no retorno de cada mañana del mundo, de ese sol nuevo cada día. Y eso no es solo resistir; es, quizá, sobreponerse abrazando.

X

La naturaleza, *physis*: lo que brota, cambia, crece, muere y sigue naciendo a cada uno de esos momentos y en sus interludios, porque es devenir. Eso es lo sagrado y (o bien «pues») es la única gran ley que no admite excepción ni objeción. En lo que se refiere a lo que nos preocupa, nos angustia y a menudo negamos, nos ofrece un espejo en el que mirarnos:

Las estaciones, que traen consigo todas las cosas.

A quien no sepa verlo no habrá teoría ni religión que lo salve. En el mejor de los casos esos analgésicos le ayudarán a vivir sin dolor hasta que la muerte lo separe de la creencia con la que se ha casado; pero por el camino se habrá perdido una infinidad de instantes y tal vez habrá causado mucho dolor desplazando hacia sus ídolos la responsabilidad de sus decisiones:

Tratan de purificarse con sangre, de otra sangre contaminados como están, como si uno que se ha metido en barro, con barro se lavara. (Por loco se le tomaría si algún hombre se percatara de que estaba obrando así). Además le rezan a esas estatuas, como si uno estuviera charlando con las paredes, sin saber nada en absoluto de qué son realmente dioses y héroes.

Ni los mismos dioses de los griegos escapan a la ley de la naturaleza. El sol era un dios para ellos; lo llamaron Helios. Pues bien: Heráclito, con ayuda de otras divinidades, a lo que parece menos paucipotentes que él, pero desde luego no omnipotentes, lo pone en su lugar:

El sol no rebasará sus medidas. Pues si no, las Erinias, defensoras de la justicia, darán con él.

Helios, como los demás dioses, está ajustado a medidas; y ese *ajustamiento* es irrevocable, definitivo, supremo: las Erinias o Euménides, Furias para los romanos —que al parecer las temían menos, pues no les dieron un nombre apaciguador (Euménides = benévolas)—, son las ejecutoras —más bien que defensoras, como dice Heráclito— de *Dike*, la Justicia. La naturaleza es, por encima de todo, justa, mal que nos pese a Camus y al resto de seres humanos cada vez que recordamos que hemos de morir. (Supongo que se comprende fácilmente que no estoy validando cualquier tipo de ley humana que «copie» las leyes naturales al modo, por ejemplo, de las mal paridas por los nazis).

La naturaleza es justa; y es el todo, o al menos lo que somos capaces de captar como tal; el *uno*, que «*no quiere y quiere que lo llamen Zeus*». Es lo que podemos nombrar, para entendernos, lo sagrado o lo divino. Algo que, dadas nuestras innatas limitaciones —innatas pero vencibles— se contamina con facilidad:

Dios: día-noche, invierno-verano, guerra-paz, hartura-hambre. Pero se torna otro cada vez, igual que el fuego, cuando se mezcla con los inciensos, se llama según el gusto de cada uno.

No debemos pasar por alto el símil: igual que el fuego, recordando uno de los fragmentos que ya hemos comentado:

Este orden del mundo, el mismo para todos, no lo hizo Dios ni hombre alguno, sino que fue siempre, es y será; fuego siempre vivo, prendido según medidas y apagado según medidas.

Fuego eternamente móvil, pero según medidas, como esas que no puede superar Helios. Sagrado. Divino, más que el propio *Dios* / Zeus; pero al mezclarse con los inciensos que le ofrecemos los atemorizados seres humanos, que rezamos a las estatuas, «se *llama según el gusto de cada uno*»; y lo que es peor, esos gustos, como la historia nos muestra, traen consigo disgustos terribles, porque llevan consigo sus propias leyes, que a menudo no coinciden con la *Dike* de la naturaleza sino con «el gusto de cada uno» que, generalmente, nace precisamente del rechazo a la muerte propia y de la voluntad de convertir la muerte en tránsito hacia otro nivel de la misma existencia yoica.

Para el dios todas las cosas son hermosas y justas, pero los hombres consideran unas justas y otras injustas.

Recordemos la cita camusiana de Senancour, plena de humanidad, pero necesitada de superación si nos movemos en el nivel de la realidad, no de los hechos concretos, que a menudo exigen precisamente lo contrario. Claro que para conseguir eso hay que situar lo humano en su contexto; pasar del modo individual al universal, de lo «humano» a lo «divino:

El modo de ser humano no comporta capacidad de juicio; el divino sí la comporta.

Pero ese modo de ser «divino» no es el de los dioses, el de las religiones, sino el que corresponde a la *physis*. ¿Cabe, a estas alturas, alguna duda? Pues que venga en nuestra ayuda Karl Kerényi:

No existió, hasta muy tarde, un término en griego para nombrar la experiencia religiosa ni la actitud suscitada por esta.

Fue preciso tener que traducir —tardíamente— la expresión latina religio *para que se pusiera en su lugar* eulábeia, *«precaución»*.

¡Los griegos necesitaron rebuscar en su léxico para poder explicarse con los romanos acerca de su relación con los dioses, porque hasta entonces no habían necesitado un nombre para aislarla del resto de sus experiencias! ¿Puede sorprendernos que Heráclito, y seguramente no solo él, haya resultado «oscuro» a las generaciones que llegan hasta la nuestra?

Tenemos que dejar, aunque solo sea por un rato, el escenario a este Kerényi que tanto puede ayudarnos en nuestra búsqueda. La próxima conversación nocturna la tendremos con él.

XI

Lo divino fue el sobreentendido de los griegos.

Partamos hoy de esta frase de Calasso, al que volvemos a encontrar después de nuestro paseo con Heráclito. Hagámoslo porque resume de manera cabal cuanto hemos ido comprendiendo hasta ahora. Para un griego lo divino se daba por sentado. Pero, eso sí: lo divino, no «Dios»; pues, para empezar, por muy *Dios* —en griego— que fuera Zeus, no dejaba de ser uno más entre otros dioses: doce por su gusto —¿te dice algo el número?— ; trece cuando tuvo que incorporar a Dioniso; y si a ellos sumamos toda la cosecha de semidioses, musas, titánidas, seres humanos divinizados, etc., el número resultante es como para sentir vértigo. Si el griego podía pensar en dioses es porque tenía la noción, espontánea, impremeditada, de algo sumamente especial que solo podía representarse sobre modelos que tomaban sus rasgos del propio ser humano. Y esa espontaneidad es lo que dota de ese carácter envidiable del trato con lo divino, propio de aquella cultura. En palabras de Kerényi «*el hombre antiguo no tiene fe; vive a sus dioses en el mundo real*». No tiene fe, como da a entender la segunda frase, porque no la necesita.

«En aquellos tiempos todos reverenciaban lo divino», anota Pausanias. [Es, de nuevo, Calasso quien habla]. *No tiene necesidad de referirse a los dioses. Es lo propiamente divino lo que da origen al culto, a la 'devoción', eusébeia. Todo cambio en la cualidad de los tiempos puede describirse como atenuación o exaltación de la relación con lo divino. De ahí deriva todo lo demás.*

Se puede, claro, vivir sin dioses. Es el estado correspondiente a la normalidad, según los criterios de la comunidad científica. Los dioses no son admitidos, en tanto no son verificables. Es su privilegio y una regla de su protocolo. Si los dioses fueran verificables ya no serían tales. Más difícil es vivir sin lo divino. Para los griegos los dioses eran una aparición reciente, su epifanía coincidía con las historias narradas en el epos. Pero ¿tò theîon?, 'lo divino'? Lo divino es perenne, en cuanto está entrelazado con todo lo que irrumpe. En el interior de lo que irrumpe está lo que permite el acceso a lo que no se ve. Es decir, al mundo sin límites de lo invisible. En Grecia, no pocos se rieron o despreciaron a los dioses, pero lo divino permaneció ileso, inalcanzable. La vida de los dioses y la de los mortales se mezclaban en ocasiones pero no se confundían. Los dioses 'simplemente viven'.

A diferencia de lo señalado sobre el concepto de religión y la ausencia de un término de idéntico significado en el idioma griego clásico, el término «fe» sí tiene un equivalente: *pistis*; pero su significado, o más bien la referencia que le da sentido, no está en un imaginado más allá; según Kerényi, podría traducirse a lo sumo como «*la confianza en la realidad del mundo*»: una fe en lo existente, de lo que formamos parte junto con nuestros propios e íntimos «dioses». Siempre según el sabio húngaro, esos dioses, los de los griegos —y los de Nietzsche, el filólogo clásico y filósofo; Jung, el médico y psicólogo, y Hillman psicólogo también— no dejan de ser realidades derivadas:

Solo son trascendentes en el sentido de que nuestra existencia no los abarca, pero ellos sí abarcan [la nuestra]. *Son más que dioses de la vida; también lo son de la muerte y de aquello que nos rodea.*

Mi interpretación de este pensamiento: los dioses de los griegos eran y son las traducciones mediante las que nos representamos «aquello que nos rodea», o mejor, de lo que formamos parte, que es lo divino. Recordemos lo que hemos aprendido de Heráclito apoyándonos en una nueva declaración de Calasso:

> *En el sistema divino de los griegos rige la regla según la cual, en palabras de Simónides, «contra la necesidad ni siquiera los dioses combaten». El arbitrio de Zeus reconoce y acepta solo estos límites. Sobre esta tensión se teje el todo. Tensión dramática, de la que Platón dio en la República la fórmula más precisa y memorable al apuntar «cuánto difieren en realidad la naturaleza de lo necesario y la del bien».*

Esta última y provocativa —también desgarradora— declaración nos obligará a abordar el territorio de lo moral, y lo haremos sin duda, pero más tarde. De momento hay que terminar de impregnarse del sentimiento de lo divino más allá de los dioses olímpicos y de los de cada uno.

> *Si lo divino es algo, no puede ser sino lo que 'envuelve la entera naturaleza' como se lee en la Metafísica de Aristóteles, de acuerdo en esto con la doctrina platónica. Lo divino puede encontrarse dentro del mundo solo como algo que se filtra desde afuera. Es esencial que se reconozca ese afuera.*

De acuerdo, siempre que ese «afuera» no esté físicamente «afuera», sino solo en la perspectiva de esa trascendencia de la que habla Kerényi, donde lo trascendente solo lo es para nuestra limitada condición de criaturas del «mundo», de la *physis*. Un «afuera» que está del otro lado de las barreras del yo; barreras que están para saltárselas a la torera.

Entonces «afuera» equivale a «lo abierto» de Heidegger-Rilke-Hölderlin (me remonto, en esta nómina, en el tiempo para, de la mano de Hölderlin, tocar con la punta de los dedos a los dioses de Grecia):

Un divino fuego nos impulsa día y noche
a ponernos en marcha. Así que ven a que contemplemos lo
                                                    [abierto,
a que busquemos lo propio donde quiera que esté.
(...)
¡Vayamos al Istmo, allá donde ruge el mar abierto;
junto al Parnaso, y la nieve brilla en torno a los acantilados
                                                    [délficos;
allá al país del Olimpo, allá, a la cima del Citerón,
allá bajo los abetos, entre las viñas, de donde
se desciende a Tebas y murmura el Ísmeno en el país de Cadmo.
De allá viene, y señala el regreso, el dios que se acerca.

XII

Te ruego que vuelvas a leer el par de fragmentos de *Pan y vino* con los que anoche terminamos nuestra conversación. Los cité, como ha hecho alguien más poderoso intelectualmente que yo, para referirme a esa exterioridad, ese «afuera» al que nos remitía la lectura de lo divino hecha por Aristóteles. Si te fijas bien descubrirás enseguida que, en este caso, decir «afuera» significa precisamente lo contrario; porque ¿dónde están, por ejemplo, esas rocas nevadas de Delfos? O bien, para ser aún más radical y en cierto modo más cáustico, ¿dónde está la Eleusis de la que tanto hablamos, cuando lo que ahora rodea las ruinas del santuario y lanza su burdo sahumerio al golfo son las instalaciones de una refinería de petróleo?

Una vez más tropezamos con el lenguaje, incluso con la capacidad de situar nuestras percepciones en la topografía de lo divino: lo que está fuera del campo perceptivo poblado por «las cosas», «los seres» o «la realidad» en el más materialista sentido del término es, paradójicamente, lo más propio de cada uno; lo más íntimo. Como decía mi admirado Meyrink, *das innerste Ich*, el yo más íntimo, que prefiero adaptar a nuestro idioma como lo más profundo que el yo.

No es Platón, sino Plotino, el verdadero inventor de la interioridad. La mística cristiana (...) aplica, valora y elabora lo que Plotino había descrito y circunscrito: el territorio en el que el individuo se aventura en lo divino. Cuando la mística cristiana se agotó, el relevo fue tomado por la Innigkeit *de los románticos alemanes, extendiéndose hasta Proust. Cerca de Plotino está Schubert, mucho más que Kant. En el siglo de los modernos se pierde la punta del ovillo de la interioridad y la psique es invadida por el fluir de las asociaciones. Es el punto de partida de Freud.*

Puede que más adelante vuelva sobre lo que Calasso afirma al principio de esta cita —sobre Plotino— así como a lo que sostiene al final respecto del psicoanálisis. Me ha interesado traerla a colación para señalar el mérito adquirido primero y perdido después por un pensamiento que fue, el cristianismo, tristemente convertido de filosofía en religión, y recuperado de manera efímera en el romanticismo alemán cuyas puertas, en el dominio del sentimiento —filosófico, desde luego, a fuer de poético en el más fuerte sentido de la palabra— abrió Hölderlin. Por cierto: escarmentado por repetidas experiencias debo explicar que el Schubert al que Calasso se refiere no es el compositor vienés sino el *Naturphilosoph* y médico alemán Gotthilf Heinrich von Schubert, autor de un *Simbolismo del sueño*, de una *Historia del alma* y de unas *Opiniones sobre el lado nocturno de la ciencia natural*; el creador de esa bella y potente imagen con la que definió algo que en esos años empezaba a ganar carta de naturaleza, el (o lo) inconsciente: *der versteckte Poet in uns*, el poeta escondido en nosotros. Sin duda era su particular encarnación de ese poeta lo que le hace escribir párrafos como este, tan próximo en el sentimiento al de Hölderlin evocado anoche:

Desde los milenios lejanos y oscuros emergen en lo profundo de la gruta las voces del oráculo y la inspiración de la Pythia. Luego, no sin esfuerzo, entramos más profundamente en el sagrado bosque de Dodona, cuyo acceso estaba permitido a los consultantes. Sobre una aislada montaña, circundada por blancas masas de roca, vemos descender a la cueva de Trofonio, en la tranquila noche, a los iniciados embriagados por la sagrada fuente. Allí, lejos del último destello de las estrellas, brota un nunca visto poder en el santuario interior de las visiones y voces indistintas.

El santuario interior; la *Innigkeit*: la interioridad; presente en la poesía filosófica de Novalis —toda su obra comparte ambas características: lo poético y lo filosófico— tanto como en los escritos médicos, biológicos y psicológicos de los seguidores de la *Naturphilosophie* de Schelling; la auténtica marca de agua del sentir-pensar romántico. Ese es el lugar de los dioses; y cuando una mira más allá de ellos, más afuera hacia el interior, atisba el lugar de lo divino.

Poesía filosófica, filosofía poética —y ciencia natural, medicina, incluso física poética (Karl Wilhelm Ritter)—; otras tantas maneras de decir lo indecible, pues en el fondo lo que se pone de manifiesto es una actitud ante el mundo que, como la naturaleza misma, es *universal* (una y diversa). Una actitud que, en lugar de analizar para ajustar a esquemas intelectuales lo percibido mediante operaciones sucesivas de disección, se abre a una contemplación de lo que se muestra; porque el mundo es transparente, pero solo para quien sabe mirar a través de «las cosas»: «*la transparencia del mundo deja traslucir las figuras divinas naturales al poeta*», afirma Kerényi.

«Figuras divinas naturales»: esa es la clave. La inagotable pesquisa humana en busca de lo divino, lo espiritual, el alma, dios o los dioses, errará el objetivo si pierde de vista que, por la limitación inherente a su condición, solamente a través de lo natural podrá llegar al fondo de ese sentimiento que trae consigo pasmo, alegría y paz. A través de la reconquista de ese saber griego, iniciada para nuestra cultura por los románticos alemanes, hemos podido alcanzar una comprensión, obrar un redescubrimiento de aquello que perdimos fácil de compartir. A mi modo de ver, quien mejor ha sabido traducir a lenguas vernáculas —en

sentido figurado— el lenguaje de poetas como los mencionados ha sido James Hillman, psicólogo motejado de «filósofo»
por sus colegas —algo que aceptó como una distinción, más que
como una prueba de menosprecio— y finalmente como «litera-
to», también esta vez entre comillas, y también esta vez repre-
sentando para él la prueba de que había acertado.

Schelling, el filósofo romántico que estudió medicina porque pensaba que solo a través del más acabado conocimiento del
ser humano llegaría a comprender la naturaleza y lo mal llamado
sobrenatural, escribió una obra sobre el alma del mundo, *Von
der Weltseele*. Hillman dedicó un breve pero enjundioso texto
al mismo asunto: *Anima mundi. El regreso del alma al mundo*; y
no sin intención acabó permitiendo su publicación como libro
junto a otro escrito titulado *El pensamiento del corazón*. Del primero de ambos procede este diagnóstico:

> *[La] visión del mundo como algo externo y no subjetivo es
> precisamente la que necesita una nueva elaboración. Esta vi-
> sión no sólo mata las cosas al considerarlas muertas, sino que
> nos encierra en esa angosta celda que es el yo.*

Y del segundo, la propuesta terapéutica:

> *Podemos responder desde el corazón, despertarlo de nuevo.
> En el mundo antiguo el órgano de la percepción era el corazón
> (...) El corazón tenía una función estética.
> (...)
> Cuando consideramos que el cerebro es la sede de la concien-
> cia buscamos ubicaciones literales, pero no podemos tratar el
> corazón con el mismo literalismo fisiológico. El movimiento
> hacia el corazón es ya un movimiento de poiesis: es metafórico
> y psicológico.
> (...)
> Lo que entiendo por respuesta estética se parece más bien a un
> sentido animal del mundo (...) Más que el olfato psicoanalíti-
> co, que busca el significado profundo y las conexiones ocultas,*

lo que necesitamos es el olfato del sentido común animal: una respuesta estética al mundo. Esta respuesta vincula de inmediato el alma individual al alma del mundo; yo soy animado por su ánima, como un animal.

Ya sé que esto resulta demasiado provocativo; quizá dirías: demasiado nuevo. Pero te aseguro, y quizá ya has empezado a pensarlo, que es justo lo contrario: sumamente antiguo.

XIII

Hemos hablado de los dioses y de las religiones y necesariamente se ha asomado a la escena la moral, tan inextricablemente asociada a unos y otras aunque esa asociación no repose en algo inevitable: hay otros referentes para la moralidad; la filosofía, por ejemplo, o sobre todo. En cierto sentido, y desde luego en mi opinión, la asociación de moral y religión es más bien un acto de usurpación consentido por quienes no pueden o no quieren configurar una moralidad exigente de manera autónoma; tan autónoma como puede serlo el propio sujeto que, como hemos visto, es radicalmente *unus inter pares;* y al afirmar esto no me estoy refiriendo únicamente al género humano, sino a la naturaleza en su conjunto; la atribución del papel de rey de la creación me parece profundamente inmoral, de manera que el sistema de valores que pueda construirse desde ella estará radicalmente viciado.

Volvamos, de la mano de Calasso —al fin y al cabo, es quien me ha puesto en marcha— a los Misterios.

Por encima de todo lo demás, lo que distingue a Eleusis de cualquier otro ritual sagrado [es] la suspensión de toda contabilidad de bien y mal. La iniciación no era un salvoconducto hacia la obtención de determinados premios. La paradoja de los Misterios radica en ser una vía distinta, inaccesible a través de la práctica de la virtud. Paradoja que escandalizaba (…) Por tanto la virtud no servía —o al menos no tenía un poder equiparable a las revelaciones de Eleusis.

¿Significa esto un repudio de la virtud, una especie de subversión absoluta de los valores —nada que ver con Nietzsche; algo más bien semejante a la terrible historia de los anabaptistas de Münster— que podría resumirse en la frase de Dostoievski «si Dios no existe todo está permitido», tan impactante como simplista?

Ni mucho menos, a no ser que la depauperada imagen de la divinidad sea la del «Dios gendarme», afortunada etiqueta que debemos a Martin du Gard. Si lo divino no tiene figura humana, o en caso de tenerla es múltiple, cambiante, en nombre de ese principio que Ovidio supo reconocer, la metamorfosis, no por ello deja de existir algo que puede y debe llamarse virtud. Para comprender correctamente la cita precedente hay que remitirse a lo que, páginas atrás, el mismo Calasso dice sobre un autor que evidentemente le ha cautivado: Plotino.

Para Plotino, la purificación es un acto que puede tener consecuencias extremas: la asimilación a un dios, hasta identificarse con él. Eso basta para quitar a la purificación todo sobrentendido de moralidad. Plotino lo precisa: «Pero la meta de nuestro afán no es quedar libre de culpa, sino ser dios». ¿Qué dios? También a esto responde Plotino: «Uno de los que vienen de 'allá'; y una vez llegados 'aquí' se establecieron en la mente».

¡Qué momento para volver a Hillman! Pero estamos conversando, o si lo prefieres, leyendo juntos; esto no es un trabajo erudito. Así que sigamos con el italiano:

Purificarse, para Plotino, implica 'la eliminación de todo lo que es extraño'. ¿Qué queda entonces? ¿El bien, quizá? Sería

un error pensar eso. La naturaleza (y el alma es naturaleza),
incluso cuando es llevada a su estado indemne, no es nunca el
bien: 'Se unirá [al bien] volviéndose [hacia él]'. Para la fra-
se citada bastan tres palabras: 'Synésthai dè epistrapheîsa'.
Una vez cumplida la purificación, el alma debe solo orientar-
se hacia algo afín ('El bien, para ella, es unirse con lo que le
es afín').

El bien no depende de la sumisión a un código, sino del atenimiento a la norma que engloba todas las posibles normativida-
des superándolas y trascendiéndolas. Y esa norma la muestran, a
quien sabe comprenderlos, los Misterios.

   ¿Recuerdas lo que contaba Kerényi acerca de la incomodidad
de los griegos para nombrar algo semejante a lo que concebían
los romanos cuando decían *religio*? Según parece solo encontraron el término *eulábeia*, que significa precaución; y —siempre
según este autor— esa precaución no es equiparable al «temor
de Dios» característico de las religiones judía y cristiana, sino
que designa la actitud cautelosa frente a una eventual caída en
cualquier extremosidad; algo que casa perfectamente con la noción de *hybris*, desmesura, raíz de muchas de las historias trágicas de aquella cultura que no se la consentía ni siquiera a los
dioses: para eso estaban Dike y las Erinis.

   ¡Claro que los griegos tenían una ley, una norma! Y leyes concretas; pero estas solo tenían sentido, eran justas, si se
ajustaban a aquella. El término que, entre sus diversos signi-
ficados, puede traducirse por ley es *nómos*; citando a Pínda-
ro afirma Kerényi que el *nómos* aparece como rey (*basileos*)
omnipotente sobre dioses y hombres. Heráclito afirmó que
«todos los nómoi humanos se nutren de lo único, de lo divino».
Y más próximo a nosotros que los maestros griegos, Jakob
Burkhardt explicó de forma magistral el significado de ese
concepto:

Constituye ese algo objetivo y elevado que impera sobre toda
existencia individual (...) Aspira a ser el alma del todo.

71

El alma del todo, o del mundo... Según esto, muchos de los males que nos aquejan, así al menos lo entiendo yo, nos vienen de algo que Kerényi atribuye a los sofistas: la conversión del *nómos* en la antítesis de la *physis*. Con ello se produce una escisión en la cultura occidental que bien podría calificarse de diabólica, en el sentido que a dicho término dio Eugenio Trías: *dia-ballein* igual a escindir. Lo diabálico llegaría a ser para nosotros lo diabólico, pues según la tradición cristiana el diablo surge como tal al separarse de las falanges angélicas a las que pertenecía, y con él entra el mal en la creación.

Para nosotros, hijos de nuestra cultura, resulta difícil abandonar creencias acendradas para trocarlas por otras que estuvieron en las raíces de esa misma cultura, cuyo sentido se evaporó sin dejar otras huellas que las escritas, convertidas casi solamente en materia del trabajo erudito; tanto más difícil cuanto que pueden parecer alocadas, como esta que, resultado de su extraordinaria lectura, propone Calasso:

No son las buenas acciones las que acercan a los hombres a los dioses, sino algo más raro y difícil: la capacidad de ser felices.

XIV

No es que las buenas acciones no tengan valor; se trata de que surjan de un acorde íntimo con eso que estamos llamando «lo divino», no de la obediencia a una normativa, ni siquiera cuando esa normativa pueda haber sido racionalmente interpretada y voluntariamente asumida. Ser felices de la manera que nos acerca a los dioses, como se decía en el texto con el que cerramos la anterior conversación, es justo lo contrario de lo que Camus señaló en su *Calígula*, a quien hace decir: «*los hombres mueren y no son felices*». Esa incapacidad de ser feliz lleva a su personaje a equipararse torcidamente con unos dioses a los que atribuye no la jovialidad, el goce de la vida y la sumisión a un orden que implica la muerte, sino el poder aniquilador sobre la vida humana.

> *ESCIPIÓN. Mientras tanto, muchos hombres mueren a tu alrededor.*
> *CALÍGULA. Tan pocos, Escipión, realmente. ¿Sabes cuántas guerras he rechazado?*
> *ESCIPIÓN. No.*
> *CALÍGULA. Tres. ¿Y sabes por qué las rechacé?*
> *ESCIPIÓN. Porque te importa un bledo la grandeza de Roma.*

CALÍGULA. No: porque respeto la vida humana.
ESCIPIÓN. Te burlas de mí, Cayo.
CALÍGULA. O por lo menos la respeto más que a un ideal de conquista. Pero es cierto que no la respeto más que a mi propia vida. Y si me resulta tan fácil matar, es porque no me resulta difícil morir. No, cuanto más lo pienso más me convenzo de que no soy un tirano.
ESCIPIÓN. ¿Qué importa si nos cuesta tan caro como si lo fueras?
CALÍGULA (con un poco de impaciencia). Si supieras contar sabrías que la menor guerra emprendida por un tirano razonable os costaría mil veces más caro que los caprichos de mi fantasía.
ESCIPIÓN. Pero por lo menos sería razonable y lo esencial es comprender.
CALÍGULA. Nadie comprende el destino y por eso me erigí en destino. He adoptado el rostro estúpido e incomprensible de los dioses. Eso es lo que tus compañeros de hace un momento han aprendido a adorar.

Calígula no sabía que también los dioses estaban sometidos a *Dike*, y que no son ellos quienes decretan que todo cuanto conforma la *physis* y es conformado por ella es perecedero. No ha comprendido nada, y por eso para él el «rostro incomprensible» de los dioses es «estúpido». Por eso no es feliz y cree que ese es el sentimiento compartido por todos los seres humanos, algo que sin duda vale para la mayoría, pero que, como hemos visto, no representaba la única posibilidad, al menos en épocas pasadas y en un entorno que no propiciaba en tan alta medida la depredación como aquel del que él mismo era máximo representante y gestor. Su respuesta, rabiosamente antinatural es: si los dioses dan la muerte y yo no puedo evitar ser mortal al menos me vengaré de ese destino suplantándolos durante el tiempo que me quede.

Para un pensamiento así es para lo que hace falta una moral, incluso una religión, a ser posible una nueva, ya que los dioses son vistos como estúpidos y más que inútiles, malvados. Pero siglos atrás, y sin duda todavía en la época de este malhadado Cayo Julio César Augusto Germánico, los Misterios proponían otra cosa, otra actitud frente a una existencia que se reconocía efímera. Por eso —vuelve a hablar Calasso—

> ... *ni siquiera en su completa decadencia los Misterios de Eleusis se convirtieron en parte de una religión de Estado. Esta es la diferencia decisiva. Los Misterios nunca han estado al servicio de una sociedad sino que eran la vía para ir más allá de la sociedad.*

Más allá de la sociedad... Creo que hay que interpretar esta idea en dos dimensiones solo diferentes en apariencia: más allá del contexto humano —demasiado humano— colectivo, en la medida en que este es solo parte del universo de la *physis*, pero también más allá del mismo en el sentido de la interioridad, ese que hizo proclamar a Demócrito: *anthropos mikros kosmos*.

Los hechos demuestran que esto no es fácil, ni mucho menos espontáneo. Es preciso un aprendizaje que, en aquel entonces, proporcionaban los Misterios, y está claro que no a todo el mundo ni de la misma manera. Paralelamente a ellos se desarrollaban los rituales órfico-báquicos, que acabarían siendo más resistentes por satisfactorios para la mayoría en virtud de su promesa de una vida del yo personal después de la muerte del cuerpo, allanando así el camino a la revolución cristiana. Pero lo que caracteriza a esta orientación no es la pretensión de ir «más allá de la sociedad», sino, en el mejor de los casos, fundar una nueva comunidad que, finalmente, acabará organizada en torno a una preceptiva que, en muchos casos, terminará en manos de verdugos. Comunidad frente a interioridad es lo que, a mi parecer, caracteriza la religión frente a la filosofía, aunque esta última no deje de tener pretensiones de comunicarse y en su caso compartirse: para eso se escribe, pero después. Que no suceda aquello que satirizó Nietzsche: «*primum scribere deinde philosophari*».

Hay que reconocer, en cualquier caso, que en el momento auroral del cristianismo no pocos fueron capaces de comprender aún que la *anachoresis*, la separación de la sociedad, era necesaria. En general el resultado de esta vuelta de la mirada hacia el interior fue diferente del obtenido por quienes los precedieron por este camino, aunque en emergencias más tardías de la práctica —Juan de la Cruz, por ejemplo— pudo observarse un soterrado reencuentro. Pero vayamos a lo esencial, de nuevo con Calasso:

> *Al que sigue lo divino le está reservada una vida clandestina. Pero no si declara pertenecer a una confesión. En este caso se le concede respeto, acompañado de un cierto sentido de deferencia.*

En caso contrario

> *... quien reconoce lo divino pero no se reconoce en ningún colectivo social es, en cambio, un extraño. Es el extranjero insoslayable. Solo en el ámbito de la literatura podrá declararse, porque la literatura es el lugar mismo de lo que no es vinculante.*

Y de este modo hemos venido a dar en el refugio de lo divino en nuestra era: la literatura.

XV

Dos nuevas citas de Calasso para entrar en materia; o para ser más exactos, dos testimonios traídos a colación por el italiano. El primero, de la helenista Erika Simon:

> *El destino de Hölderlin nos enseña que un hombre de nuestro tiempo se pone en problemas si parte del presupuesto de que «los dioses existen».*

Apostilla del italiano:

> *Problemas: para Hölderlin, la torre de Tubinga; para Nerval, la clínica del doctor Blanche.*

(Por si no estás al corriente de lo que significan ambos edificios, la torre junto al Neckar fue durante los últimos cuarenta años de su vida la morada —bajo amable custodia— del poeta hundido en la locura, y la *Maison Blanche*, como se la conoce todavía —está en Montmartre— tenía como clientes a enfermos mentales. Nerval, poeta también, que habla de las puertas del sueño al modo de Virgilio, se colgó de un farol a poca distancia de este su último domicilio).

Te dejo ahora una sentencia contundente de un autor cuyo nombre desvelaré en breve:

LA SOCIEDAD Y EL PENSAMIENTO SON HETEROTÉLICOS[1]

El segundo de los testimonios que anuncié al comienzo pone de relieve otro de los problemas, si no tan trágico al menos embarazoso, en que puede verse inmerso quien declara profesar esa creencia:

> *Karl Reinhardt dijo en una ocasión a W.F. Otto: «¿Usted está convencido de la realidad de Zeus?» Otto respondió. «Sí». Reinhardt entonces le preguntó: «¿Usted le reza a Zeus?». Otto respondió: «Sí». Reinhardt dijo: «Entonces usted debe sacrificar toros a Zeus». No se sabe que Otto haya contestado a esto.*

Conocía esta anécdota en un contexto bastante más próximo a nosotros: el de la polémica entre Giegerich y Hillman respecto de la psicología imaginal del segundo, para quien los dioses griegos tienen una presencia real en nosotros *en tanto que prosopopeyas* de las imágenes-fuerza presentes en nuestra psique que Jung denominó arquetipos. A mi entender en este caso el argumento esgrimido por Giegerich pierde su aguijón desde el momento en que, mientras no se demuestre lo contrario, Hillman no ha declarado creer en la existencia fáctica de Zeus —ni de ninguna otra divinidad— y cualquiera que conozca su obra puede inferir que nunca se le ha ocurrido rezarle. Los toros pueden estar tranquilos, como seguramente lo habrían estado en tiempos de Otto de haber tenido este más reflejos, además de los mimbres junguianos con los que nosotros mismos podemos tejer nuestros cestos. Calasso pa-

---

[1] Las mayúsculas son mías; el neologismo, suyo. Podría traducirse como que tienen fines diferentes.

rece disponer de los recursos suministrados por la psicología profunda:

> *Las potencias a las que los antiguos atribuían los nombres de los dioses continúan estando vivas y operativas, aunque hayan perdido sus nombres. Actúan sin freno, bajo vestiduras falsas.*

Esto es algo que Jung y Hillman suscribirían con agrado: el nuevo nombre de dios —precisamente de estos dioses— es *arquetipo*; las falsas vestiduras bajo las que actúan, a veces sin freno, se llaman ahora *complejos*.

No es mi intención detenerme en una explicación de algo que puede encontrarse en otros textos, incluso en alguno mío. Nuestro camino nos ha conducido a la literatura, y es aquí donde pretendo retomarlo. Para ello saldré al encuentro de quien fui, pues al fin y al cabo es de lo aprendido por mí de lo que estoy hablando contigo, por si consideras que es bueno para ti compartir algo de ello.

Pero antes...

¿Sabes que otro autor de quien he aprendido mucho me ayudó a entender la importancia del retorno? ¡Lee esto!

> *Los antiguos griegos de Turquía* [se refiere, claro está, a los «presocráticos» de Mileto y a nuestro Heráclito] *pensaban el pensar como un ir seguido de un volver: noein y neomai. Pensaban el pensar como un ir que no olvida el camino por el que va. Un ir que siempre va volviendo, tal es el camino, la callejuela, la vía que constituye el fondo del pensamiento (...) Heráclito escribe (...): es una enantiodromía (una carrera que vuelve sobre sus pasos). Por eso los primeros pensadores de Grecia, mucho antes de que se constituyera la filosofía, desearon fundar la palabra noos (pensamiento) en la palabra nostos (regreso). Pensar era vagar no importa dónde acordándose de poder regresar vivo entre los suyos al acabar la prueba a muerte (...) Hay un camino que no se olvida en aquello que piensa. Es lo que significa la palabra griega*

método (meta-hodos): el camino inverso (la vía recapitulativa) donde precisamente el trans-porte (la meta-fora) se hace a la inversa. Hay algo perdido que se ama sin fin en el movimiento nostálgico de pensar. ¿Son capaces los seres humanos de pensar sin retorno? No.

¡Cuánta materia para la reflexión en estas pocas líneas! ¡Y cuánta afinidad con el camino que llevamos recorrido juntos!

Quien esto escribe es Pascal Quignard, otro de mis recientes y decisivos encuentros, a quien también pertenece esa sentencia que he colocado, en letras mayúsculas, en el umbral de algo (¿del acceso a este Hades nuestro? ¡En cierto sentido es un *lasciate ogni speranza!*). La escritura tiene estas cosas: es ella misma un camino que se puede recorrer sin moverse físicamente del sitio para encontrar no solo palabras e ideas sino, de algún modo, a aquellos que las pusieron en el mundo. Este mismo escritor explica que leer también es un volver; en muchos casos, a un lugar donde uno no sabe que ha estado. Volveré pues a lo que he leído con la alegre sorpresa de saber que cuando lo leí descubría recapitulando:

Ovidio escribe (...) en Metamorfosis VIII, 137: filo relecto. *Teseo avanza* filo relecto. Relegere, *re-enrollar el hilo, re-liar, releer sin fin, reanudar sin fin las palabras a lo real que precede, re-hundir sin fin el* logos *en la* physis *(...) No perder de vista nunca el abismo silencioso más antiguo del origen. Religado por el releer* filo relecto. *Vivir al hilo de la lectura. Mi vida, no comprendiendo nada de nada, intentando avanzar, renacer sin cesar, comprender.* Vita viva filo relecto. *Mi vida viviente y reviviente al hilo de la relectura sin fin.*

Teseo abandona el laberinto tras haber matado al Minotauro recogiendo el hilo del ovillo que le dio Ariadna. Solo en una cosa no concuerdo con Ovidio (ni con Teseo): yo no mato al Minotauro, pues he aprendido la manera de que el Minotauro no me mate. Ambos salimos ganando.

XVI

Como sabes *La montaña mágica* fue el libro que marcó el rumbo de mi vida a los dieciséis años y que no ha dejado de hacerlo, junto con otros, a lo largo de todo este tiempo. Con él me volví «manniano» —o como una vez dijo un amigo, «manníaco»— y empecé a leer toda su producción. Diecisiete o dieciocho tendría cuando leí *La muerte en Venecia.* Allí me encontré, sin saberlo aún, con los dioses. Pero el hecho de no saberlo carece de importancia, pues de todos modos llegaron a mí, como llegan a cualquier lector de la novela sépalo o no. Están presentes.

Más tarde, al preparar mi tesis doctoral, encontré algunas claves que me permitieron descubrirlo y acceder a ese nivel de lectura, que no por prescindible —la novela es un tesoro sin necesidad de operaciones de minería— es menos gratificante y enriquecedor. Los años y nuevas lecturas, no necesariamente relacionadas con la novela, me han llevado cada vez más lejos, aumentando exponencialmente mi admiración por el escritor. Las comparto contigo como primer ejemplo de lo charlado hace un par de noches acerca de la literatura como refugio de los dioses —y de lo divino— en nuestro tiempo.

Gustav von Aschenbach espera el tranvía frente a un cementerio en Múnich.

De pronto, saliendo de su ensueño, advirtió en el pórtico, en-
tre las dos bestias apocalípticas que vigilaban la escalera de
piedra, a un hombre de aspecto nada vulgar que dio a sus
pensamientos una dirección totalmente distinta.

(...)

De mediana estatura, enjuto, lampiño y de nariz muy
aplastada, aquel hombre pertenecía al tipo pelirrojo y su tez
era lechosa y llena de pecas. Indudablemente no podía ser
alemán, y el amplio sombrero de fieltro de alas rectas que
cubría su cabeza le daba un aspecto exótico de hombre de
tierras remotas.

(...)

Tenía la cabeza erguida, y en su flaco cuello, se destacaba la
nuez, fuerte y desnuda. Miraba a lo lejos con ojos inexpresi-
vos (...) Y sea que se tratase de una deformación fisonómica
permanente, o que, deslumbrado por el sol crepuscular, hiciese
muecas nerviosas, sus labios parecían demasiado cortos y no
llegaban a cerrarse sobre los dientes, que resaltaban blancos y
largos, descubiertos hasta las encías.

Esa extraordinaria figura es, basándose en su atuendo, la de
un viajero: lleva mochila, una capa para la lluvia y un bastón
sobre el que se apoya en un gesto que Thomas Mann conoce —y
admira— desde la infancia:

... un bastón con punta de hierro sobre el cual apoyaba la ca-
dera.

En cuanto a la expresión del rostro del personaje,

... su gesto tenía algo de dominador, atrevido y violento
(...) De pronto notó que le devolvía la mirada de un

modo tan agresivo, cara a cara, tan abiertamente re-
suelto a llevar la cosa al último extremo, tan desafiado-
ramente, que Aschenbach se apartó con una impresión
penosa.

Sin embargo, esa impresión deja enseguida paso a

... una especie de inquietud aventurera, un ansia juvenil
hacia lo lejano (...) Era sencillamente deseo de viajar, deseo
tan violento como un verdadero ataque, y tan intenso que
llegaba a producirle visiones.

Thomas Mann ha puesto en el mundo un híbrido extraordinario: «*Indudablemente no podía ser alemán*», dice.
¿En serio? Vamos a contemplar con más detenimiento sus
rasgos:

«*enjuto, lampiño y de nariz muy aplastada*», «*tez lecho-*
sa y llena de pecas», «*flaco cuello*», «*labios demasiado*
cortos [que] no llegaban a cerrarse sobre los dientes, que
resaltaban blancos y largos, descubiertos hasta las en-
cías»...

Si alguna vez has contemplado imágenes de lo que en historia
del arte se denomina «transido» no te costará esfuerzo alguno superponerlas a esa descripción. Un muerto aún no del todo
descarnado, imagen frecuente en la iconografía, especialmente la alemana, de la muerte. Y que la representación manniana
sea varonil no es objeción para un alemán, pues en su idioma
la muerte es «el muerte», *der Tod* (*Der Tod in Venedig* es el
título de la novela). Mira, por ejemplo, la imagen de la muerte
en el grabado de Durero «*El caballero, la muerte y el diablo*».
Y su aspecto amenazador responde a la calificación de «*wilder*
Mann», varón salvaje, en el sentido de agresivo y violento, que,
por ejemplo, da a la muerte la doncella del poema puesto en música por Schubert, *Der Tod und das Mädchen*.

El caballero, la muerte y el diablo, grabado de Alberto Durero.

«Muy bien», me dirás, «pero ¿dónde están los dioses?».
«En la vestimenta y el ademán», respondo. Se trata de un viajero de «*aspecto exótico*» con un sombrero «de alas rectas» y
en una postura que, como ya he dicho, Mann conocía desde la
infancia. El sombrero es un *petasos* y el viajero al que se representa portándolo es Hermes: el dios griego *de* Thomas Mann,
que aparece prácticamente en todas sus novelas, en muchas de

ellas incluso identificado por su nombre. El mismo Hermes que, sin bastón, reposando el peso del tronco sobre la cadera, puede verse todavía en el *Puppenbrücke*, el coloquialmente llamado «Puente de los muñecos» por los habitantes de Lübeck. Y de que el viajero del cementerio es un dios da fe su efecto sobre la imaginación del burgués (pero también artista) Aschenbach.

Estatua de Hermes en el *Puppenbrücke*.

¿De qué viaje se trata? Del más importante de los que promueve Hermes, el Psicagogo y Psicopompos: el viaje del alma hacia el Hades. El acceso al lugar de los muertos se encuentra, para Gustav von Aschenbach, en Venecia. Veremos el porqué de esa elección.

XVII

Venecia.

Gustav von Aschenbach ha estado antes en Venecia; al parecer más de una vez. Pero en las anteriores ocasiones ha llegado en ferrocarril, mientras que ahora llega navegando:

> *Comprendió entonces que llegar por tierra a Venecia, bajando en la estación, era como entrar a un palacio por la escalera de servicio. Había que llegar, pues, en barco a la más inverosímil de las ciudades.*

Pero su destino no es la ciudad propiamente dicha, sino el Lido. Desde el muelle en que le deja el barco debe cruzar la Laguna. Lo hará a bordo de una góndola, una de esas barcas de fondo plano pintadas siempre de negro en memoria de su macabra tarea en tiempos de peste: transportar los cadáveres a la isla del cementerio o, en el mejor de los casos, a los infectados al lazareto. Quien le conduce es un arisco gondolero que comparte, al menos, un significativo rasgo con el viajero observado por su cliente en el cementerio de Múnich: «*nariz corta y respingona*» y aspecto descarnado.

Aunque de tan escasa corpulencia que no se le había creído apto para su oficio, manejaba con gran vigor los remos, poniendo todo el cuerpo en cada golpe. Por dos veces el esfuerzo hizo que se contrajesen sus labios, descubriendo sus largos dientes.

Para ir al Lido desde Venecia hay que cruzar «la Laguna», y Aschenbach lo hace a bordo de una barca conducida por un barquero hosco e irrespetuoso. Demos un salto (musical, si lo tienes a mano) al *Orfeo* de Monteverdi:

Eccol'altra palude
Ecco il nocchiero
Que trae l'ignudi spirti a l'altra sponda
Dov' hà Pluton de l'ombre il vasto impero.
Aquí está el horrible pantano,
el barquero que transporta
las almas a la otra orilla,
allí donde Plutón reina
sobre el vasto imperio de las sombras.

El gondolero es Caronte. La laguna, la Estigia (o el río Styx, tanto da). Pero Aschenbach no ha muerto aún; o sí, pero no del todo. Todavía no pertenece al reino de Plutón, o mejor, de Hades. El tránsito queda en suspenso:

Al ver que no tenía monedas pequeñas, se fue por cambio a un hotel próximo a fin de arreglar su cuenta con el gondolero. Le cambiaron en la caja, volvió, encontró su equipaje en el muelle, sobre un carrito; pero góndola y gondolero habían desaparecido.

Los muertos que dejan de pagar su óbolo a Caronte no entran en el Hades; vagan como sombras por un limbo sin sentido. Al menos así dice la mitología, aunque en este caso el artista tiene otros planes. Ya pagará, parece anunciarnos. Y su estancia ante las puertas del Hades no será inane. De entrada interpreta, sin ser consciente del calado de su expresión, la situación en que se encuentra en el elegante *Hôtel des Bains* en términos de ultratumba; aunque, eso sí, en los más reconfortantes:

> *Entonces le parecía estar transportado al Elíseo, a un lugar dichoso, allá en los confines de la tierra, donde el hombre disfruta de la vida más leve, donde no hay nieve ni invierno (...) y los días transcurren en un ocio divino, sin esfuerzo ni lucha, en entrega total al Sol y a sus fiestas.*

Pero la aparición decisiva, no sugerida, sino explícita, de lo griego en la novela tiene lugar después del «descubrimiento» del encantador Tadzio y su casi cotidiana persecución. La atracción que Aschenbach siente hacia el joven le lleva a comparar su situación con la del Sócrates que Platón retrata en el *Fedro*. (¡Atención! En las traducciones que conozco —no sé en la más moderna, que no poseo— hay un error de bulto: se menciona *Fedón*, y no *Fedro*). Tadzio sería su Fedro, el *erómenos* de quien él desea ser *erastés*, amante y maestro, iniciador de aquel en la vida adulta. También Sócrates/Aschenbach habla de la belleza, pero con las palabras, y sobre todo las ideas de Mann. Léelo si lo deseas, que vale la pena. Lo interesante es la explosiva emergencia de lo clásico en el marco realista de la historia de un escritor abocado sin saberlo a la muerte.

Pero lo anterior coincide solamente con la idea que Aschenbach se hace de sí mismo en la situación novelesca, pues no es él quien gobierna la relación, como tampoco lo es el Tadzio de carne y hueso, sino el dios encarnado en él: el que conduce, el psicagogo: Hermes.

En persecución del joven Aschenbach abandona todo lo que para él fue moralmente valioso. A lo largo de ese camino la muerte va apoderándose de la ciudad bajo la máscara del cólera, y el anuncio de su presencia pasa de lo general a lo individual en el caso del protagonista:

Aschenbach (...) llegaba a creer que andaban por el espacio espíritus maléficos del viento, aves de mal agüero que venían del mar, que revolvían en su comida y la llenaban de excrementos. Porque con el bochorno se le había ido el apetito y tenía la impresión de que los alimentos estaban envenenados con sustancias contagiosas.

La segunda parte de la cita rinde tributo al realismo. La primera es la que nos concierne, pues esas aves que son espíritus y hacen lo que se describe no son otras que las harpías: volátiles con cabeza de mujer que, originalmente, ejecutaban el castigo decretado por Zeus para Fineo, robándole sin parar la comida directamente del plato o bien ensuciándola con sus excrementos.

Y las harpías acompañaban a los condenados en su viaje al Tártaro. Aschenbach ya no está en el Elíseo, sino en su contrafigura. Ha renegado —así lo ve él— de su rígida moral, luego es un réprobo, *flammis acribus addictus;* pero solo para la moral de la que surge el *Confutatis* de la misa de réquiem al que pertenece la frase precedente; no para los dioses de Grecia. La inmoralidad del escritor de éxito persiguiendo a un adolescente y maquillándose para él se esfuma a la luz de una moralidad más antigua, la de Sócrates en su relación con Fedro. La moralidad atribuida a un único dios todopoderoso y legislador se diluye en el inacabable panteón helénico, uno de cuyos representantes, que ha estado presente desde el comienzo, cumple definitivamente con su función de guía, presentándose ahora bajo los más bellos y apaciguadores rasgos.

Aschenbach pagará el óbolo pendiente al comprar unas fresas a un vendedor en la playa mientras contempla por última vez a Tadzio.

Su figura se deslizaba aislada y solitaria, con el cabello flotante (...) hacia la neblina infinita (...) De pronto, como si lo impulsara un recuerdo, bruscamente hizo girar el busto y miró hacia la orilla por encima del hombro. El contemplador estaba allí, sentado en el mismo sitio donde por primera vez la mirada de aquellos ojos se había cruzado con la suya. Su cabeza, apoyada en el respaldo de la silla, seguía ansiosamente los movimientos del caminante. En un instante dado se levantó para encontrar la mirada, pero cayó de bruces, de modo que sus ojos tenían que mirar de abajo arriba, mientras su rostro tomaba la expresión cansada, dulcemente desfallecida, de un adormecimiento profundo. Sin embargo le parecía que, desde lejos, el pálido y adorable psicagogo le sonreía y le saludaba. Como si, separando la mano de la cadera, le invitara a flotar hacia delante, hacia lo desmesuradamente prometedor. Y como tantas veces hizo además de seguirlo.

XVIII

Mi espíritu me induce a relatar cambios de forma de unos cuerpos en otros nuevos; dioses, inspirad mis comienzos (puesto que también vosotros los cambiasteis) y llevad mi poema sin interrupción desde el origen del mundo hasta mi época.

Las cursiva y el sangrado me salvan de la acusación de plagio, aunque reconozco que hago mía esta declaración y la invocación que la acompaña. En el fondo no estoy haciendo otra cosa que lo que Ovidio pretendió con su *Metamorfosis*.

También en este punto he de rendir homenaje a Calasso y, como con Ovidio, parasitar sus palabras, sus ideas.

Las Metamorfosis son, ante todo, una evocación de esa era remota del mundo durante la cual todo se transformaba en todo. Eso volvía imposible la vida para cualquiera que quisiese tener un nombre y una forma, sin cambios ulteriores. Los dioses pusieron fin a ese estado: fueron los primeros en tener un nombre y una forma. Si los hombres pueden aspirar a algo semejante es solo porque los dioses lo consiguieron primero. Pero los dioses no crearon nada —la idea misma de creación les resultaba ajena e incomprensible. Los dioses fueron solo maestros de la transformación. Incluso cuando el mundo se aquietó siguieron aplicando la potencia primordial de la metamorfosis a casos singulares, a ocasiones particulares, para que la vida no perdiese su carácter aventurado. Así, los perfiles indelebles que los dioses ostentaban no cesaron nunca de mezclarse con el torbellino de apariciones de las que se habían desprendido.

Este espíritu divino de la metamorfosis también ha encontrado su lugar en la literatura. Una de las novelas de Stefan Zweig lleva por título *La embriaguez de la metamorfosis* (en alemán, *Rausch der Verwandlung*; podría haber utilizado el término *Metamorphose* pero la equivalencia es perfecta). Sin embargo, para mí el gran relato épico contemporáneo sobre ese juego divino cuyo fin es «que la vida no pierda su carácter aventurado», incluso aventurero, es *Confesiones del impostor Felix Krull*, de Thomas Mann.

No he visto una traducción del título como la que propongo: «falsificador», «estafador» y «caballero de industria» son las que he encontrado aquí y allá en nuestro idioma, pero Felix Krull no es nada de eso. Quizá solamente lo último, para quien sea capaz de equiparar el significado de «industria» al que Cervantes le da en el episodio del fingido suicidio de su *Quijote*. Krull es un impostor por placer, por gusto de aventura, por desinterés hacia un yo inamovible. Si obtiene beneficios de sus cambios de identidad es solamente de manera colateral y en todo caso para poder sostener su insaciable voluntad de metamorfosis.

Centrémonos esta noche en el episodio de su descubrimiento, formulado todavía bajo la forma de la pregunta, de la necesidad de la metamorfosis; de su valor para la vida. Me refiero a su primera visita al teatro seguida de su entrada en el camerino del actor, donde descubre que el personaje seductor sobre las tablas es simplemente un ser humano cuyas numerosas imperfecciones físicas, descritas incluso como repulsivas, resultan imperceptibles en el escenario gracias al maquillaje y a los juegos de luces. De nuevo un viejo maquillado, como el que aparece a bordo del barco al comienzo de *La muerte en Venecia* o como el propio Aschenbach al final. Pero aquí la interpretación que Mann propone es totalmente opuesta a la de entonces:

> *De modo que este (...) individuo sarnoso y pringoso es el ladrón de corazones por el que hace un rato bebía los vientos la masa gris... ¿Este gusano repugnante es la verdadera forma de la mariposa divina en la que, hace un instante, miles de ojos engañados han creído ver la realización de su sueño secreto de belleza, levedad y perfección? (...) Pero la gente adulta y en general con experiencia de la vida, todos esos que de tan buen grado se han dejado encandilar (...) ¿Acaso no sabían que les estaban engañando? ¿O es que algún acuerdo tácito hacía que no tomaran el engaño por engaño?*

Aquí no aparece todavía lo divino —en el sentido que estamos dando a este término en nuestras conversaciones—, pero pronto lo hará y ya casi en el nivel de una afirmación; de lo que he denominado descubrimiento: el descubrimiento que cambiará la vida de Felix Krull precisamente a través de la transformación, de la metamorfosis, de la alegre renuncia a la propia identidad... en nombre de una absoluta fidelidad a sí mismo, ya que lo que realmente desea es cambiar, transformarse; jugar el juego divino.

> *¡Qué muestra de unanimidad, esa buena voluntad de dejarse seducir! Aquí reina, al parecer, una necesidad general que el propio Dios ha insuflado a la naturaleza humana (...) Aquí, sin duda, hallamos una institución imprescindible para que siga en marcha (...) la vida.*

El pequeño Felix, o mejor, el Felix adulto que recapitula las experiencias cruciales de su vida, seguramente desde la cárcel, acaba de descubrir el carácter divino de la metamorfosis, si bien todavía en un nivel ínfimo —lo que demuestra su sensibilidad— y atribuyéndolo a ese Dios que, curiosamente, no cambia, salvo si tomamos por metamorfosis la historia de su transformación en ser humano destinado a la matanza. En todo caso el personaje ha tenido el olfato necesario para detectar el carácter divino de la *Verwandlung* en esa manifestación degenerada que es el teatro de *varietés*, tan alejado de la catártica tragedia griega como de la épica ovidiana.

XIX

Durante el reino de las metamorfosis, cada ser se convertía en aquello que era. El cambio era posible. Más tarde, empero, un velo de opacidad se extendió progresivamente sobre el mundo. Había caído toda relación visible entre lo que era y lo que parecía.

Cada ser se convertía en aquello que era: con estas palabras explica Calasso —o mejor, la describe— una concepción del ser como llegar a ser, como ser-siendo; como devenir. Con la primacía concedida al ser que nos caracteriza el mundo queda cubierto por ese «velo de opacidad»: deja de ser transparente, manifiesto o, al menos, susceptible de manifestarse. La apariencia se convierte en sinónimo de engaño, nunca de epifanía. Queda reservada al artista —a algunos artistas— la capacidad de albergar la posibilidad de transparencia y acceder a la multiforme aparición de lo divino en el mundo y, dentro de él, en el ser humano. Fuera de ese grupo solo queda el «Yo soy yo y mi circunstancia»; menguada posibilidad de cambio lleva asociada esa «circunstancia» que solo es mía y que igual podría denominarse coyuntura.

Thomas Mann pertenece a ese género de artistas del que venimos hablando. Consciente y voluntariamente propone el rescate de aquella otra mirada. La mera idea germinal de su *Krull* es prueba de ello, como lo es su esta vez explícita y reiterada mención del nombre de Hermes —recordad: su modelo arquetípico— en la narración. De manera casi escolar lo hace en el episodio en el que, ya con el nombre de Armand, mantiene una relación con una dama que se refiere a él en estos términos:

> *Deja que te vea entero... ¡Ay, que el cielo me ayude, lo bello que eres! (...) ¡Ay, esas piernas de Hermes (...) Lo divino, la obra maestra de la creación, la viva imagen de la belleza sois vosotros, los jóvenes, los hombres muy jóvenes con piernas de Hermes. ¿Sabes quién es Hermes? (...) Es el encantador dios de los ladrones.*

Es un acierto del escritor hacer a Felix ignorante de la identidad del dios, pues de ese modo hace parecer más espontánea la encarnación del mismo. Pero, por llamativo y valioso que sea su empeño pedagógico, su voluntad de recuperar lo mítico para nosotros, miserables desterrados de una *physis* divina y abierta a la epifanía, no deja de ser demasiado consciente, pedagógico, escolar, como acabo de decir, aunque no por ello de manera despectiva e irrespetuosa. Con ser mucho, esto no es lo mejor, lo verdaderamente genial de la narración manniana. Lo es la idea del cambio de vida, y lo son también algunos sentimientos que atribuye al personaje; para empezar, los que describe a continuación y como consecuencia de aquella visita del camerino al actor:

> *El fruto de estas indagaciones en mi interior era siempre una profundísima emoción, un anhelo, una esperanza, una embriaguez y una alegría tan intensos que hasta hoy, a pesar de mi tremendo cansancio, su simple recuerdo acelera los latidos de mi corazón. Por entonces, sin embargo, aquel sentimiento poseía tal fuerza que a veces amenazaba con hacerme estallar el pecho.*

El niño que experimenta tales sentimientos aún no sabe quién es Hermes, pero su descubrimiento de la metamorfosis, la revelación a la que ha sido sensible, le hace experimentar las sensaciones propias de la posesión por un dios, el *enthousiasmos*. Aquí empieza su camino por el territorio divino de la metamorfosis. Y en la precedente descripción, a mi parecer menos premeditada, menos pedagógica, de semejante tormenta de sentimientos, encuentro una impresionante similitud con otra de las enseñanzas del maestro Kerényi:

La experiencia religiosa griega (...) era sobre todo, y en su esencia, una experiencia visual. Solo tiene por lo visto dos puntos culminantes. Uno consistiría en ver a los dioses cara a cara (...) El otro punto culminante sería ver como los dioses. A quien le ocurriera tal visión podría exclamar (...) ¡theós! (...) que en latín equivaldría a ecce deus.

Un punto culminante; desde luego lo es en la vida de Felix Krull, artista de sí mismo, creador de sí mismo, pero no al modo moderno, como escultor de la propia vida, como pretendió ser Aschenbach, sino al modo griego antiguo, como entregado al juego divino del devenir. En cuanto a «ver como los dioses», ¿no es eso lo que, con otras palabras, atribuye el Sócrates platónico al verdadero artista?

Es la Musa misma quien crea inspirados, y por medio de ellos empiezan a encadenarse otros en este entusiasmo. De ahí que todos los poetas épicos, los buenos, no es en virtud de una técnica por lo que dicen todos esos bellos poemas, sino porque están endiosados y posesos (...) Con esto, me parece a mí que la divinidad nos muestra claramente, para que no vacilemos más, que todos estos hermosos poemas no son de factura humana ni hechos por los hombres, sino divinos y creados por los dioses, y que los poetas no son otra cosa que intérpretes de los dioses, poseídos cada uno por aquel que los domina.

Entusiasmo es lo que experimenta Felix Krull; *enthousias-mos*: posesión por un dios. Que sea Hermes el elegido por su creador es, quizá, lo menos relevante; es la idea en sí, la voluntad de explorar la nostalgia para rescatar aquello que la causa, para alumbrar un personaje tan improbable como Felix Krull, lo que convierte al disciplinado trabajador que fue Thomas Mann, autorretratado sin demasiada indulgencia en la figura de Gustav von Aschenbach, en verdadero artista en el sentido de Kerényi o de Calasso; o mejor aún, de Hölderlin: como frágil e insuficiente receptáculo de los dioses, de lo divino:

No siempre puede contenerlos un recipiente frágil.
Solo a veces soporta el hombre la divina plenitud.
Por eso la vida es soñar con ellos.

XX

Regresemos al camerino del actor Müller-Rosé, a aquella experiencia decisiva para el protagonista:

> *Lo que hablaron aquella vez Müller-Rosé y mi pobre padre se ha borrado casi por completo de mi memoria, y probablemente se deba a que no me dio tiempo de prestarle atención. Pues la actividad que despierta en nuestra mente lo que captamos a través de los sentidos es, sin duda, mucho más fuerte que aquella suscitada por la palabra (...) Todo mi esfuerzo y concentración se centraban en asimilar en mi interior la experiencia de mis sentidos.*

Según Kerényi esta es una característica del modo de estar en el mundo propia del griego homérico:

> *La indisoluble relación de saber y contemplar no solo tiene como consecuencia que los griegos contemplen todo cuanto saben al mismo tiempo como forma, sino también otra cosa (...) El «saber» griego significa un contemplar que, dirigido al mundo visible, da con algo que es intemporal y eterno: formas*

*invisibles que, a pesar de su invisibilidad, son objeto de una
contemplación.*

Y más lejos:

*La transparencia del mundo deja traslucir las figuras divinas
naturales al poeta, al hombre festivo.*

Felix Krull es sin duda un «hombre festivo», tanto en la
perspectiva psicológica, como estado de ánimo, como en la perspectiva religiosa original: para él las manifestaciones del mundo
tiene siempre algo de divino; «el mundo» es soberanamente
valioso:

*Siempre (...) he considerado el mundo como un fenómeno
grande e infinitamente atractivo que nos ofrece las dichas más
dulces y que se me ha antojado siempre, en grado sumo, digno
y merecedor de todo esfuerzo y afán.*

Y esto tiene consecuencias:

*Pues quien considera todas las cosas y todos los seres humanos
como algo pleno e importante (...) llevará a cabo todos sus
pensamientos y acciones con una seriedad, una pasión y una
responsabilidad que (...) pueden conducirle a los mayores éxi-
tos y a las más felices acciones.*

Así habló Felix Krull. Y esa convicción le llevará a conducir
su existencia de manera aventurera y confiada:

*Un día resolví pertenecerme a mí mismo y entregarme a la
libertad.*

Esta actitud ya estaba presente en su creador desde mucho
tiempo atrás; desde que conoció y comprendió la idea nietzscheana de *amor fati*, entrega amorosa al destino. Nietzsche era

filólogo clásico y sabía de lo que hablaba y de dónde le venía la idea. En esta novela Mann ha alcanzado, por sus propias fuerzas y su propia experiencia, aquellas raíces. Esta nueva y desatada confianza de Felix —apenas es preciso señalar lo pertinente de su nombre— tiene, sin duda, un trasfondo religioso; pero, eso sí, el propio de la religión helénica:

> *La fe en mi suerte y en ser un niño favorecido por los cielos siempre ha estado viva en mi interior, y puedo afirmar que en general no se ha visto defraudada. Si algo hay característico en mi vida es, en efecto, que todo cuanto en ella ha habido de sufrimientos y penas se antoja como algo extraño y en principio no deseado por la providencia, a través de la cual siempre trasluce mi propio y verdadero destino como un sol de fondo.*

Este sentimiento no es, desde luego, cristiano en absoluto. Ni siquiera es helénico al modo popular, si se me permite emplear este término despojándolo de sus connotaciones más negativas. Nada que ver, por ejemplo, con la tragedia. En vano se buscará en el *Krull* a Prometeo o a Edipo, pero aquí y allá se topará uno con Hermes. No es una historia que trate de seres humanos manejados por los dioses, sino de seres humanos que «se dejan vivir» por los dioses. Y esto no es algo anacrónico, por más que parezcamos haber perdido esa posibilidad. Al contrario, es algo que, al menos en potencia, nunca ha dejado de estar presente en nosotros: «*Vivir psicológicamente implica vivir en una fantasía, en un relato; ser narrado por un mito*». Son palabras de James Hillman. Psicología, religión... Quien desee profundizar más en el estuario en el que confluyen río y mar puede pasarse una temporada entre las páginas de Jung.

No quiero despedir esta conversación sin dedicar una mirada a otro episodio relevante: el que surge de su encuentro con el sacerdote católico que oficia en el entierro del padre de Felix. Reflexionando sobre la personalidad de este e indirectamente sobre las características distintivas de la religión a la que representa respecto del protestantismo, el protagonista llega a esta conclusión:

En el catolicismo, para introducirnos en aquello que va más allá de lo sensual y así venerarlo después, primero se parte y se influye de un modo exquisito en la sensualidad, se favorece la sensualidad por todas las vías imaginables y se persigue profundizar en sus misterios como en ninguna otra religión. Un oído acostumbrado a la música más sublime (...) un ojo experto en la contemplación de la sensualidad piadosa, en los colores y formas que representan la majestad de los espacios celestiales (...) un olfato que, familiarizado con las emanaciones del templo y embelesado por el incienso, incluso hubiera percibido alguna vez el olor de santidad...

Estas consideraciones, asociadas a los rasgos de *bon vivant* del párroco y a su nada dogmática tolerancia a la hora de dar cristiana sepultura al padre suicida llevan a Felix a considerar que la actitud de aquel «*encerraba un punto de inocencia propia de lo pagano*»; de lo pagano helénico, hablando con propiedad.

XXI

Quien ama verdaderamente al mundo se modela a sí mismo para gustarle.

Esta declaración forma parte de la profesión de fe de Felix Krull. A primera vista parece algo sencillo, fácil de comprender, sobre todo si equiparamos en dicha frase «el mundo» a «la gente»; a las personas. Pero ya ha quedado claro que nos movemos en un registro mucho más amplio, incomparablemente más ambicioso. Sin duda Felix realiza a veces esa reducción; a menudo, incluso: de aquí su vida aventurera. Pero ese es solamente un aspecto de su pensamiento, pues no es solo la sociedad, incluso cierta sociedad —el *grand monde*— lo que le deslumbra. Claro que se modela a sí mismo para moverse en medio de esa sociedad que, cada vez más, ama la apariencia y, como los espectadores de Müller-Rosé, pide a menudo ser engañada para su alivio y su placer; pero no es ese su único, ni siquiera su principal objetivo. Cuando habla sobre su descubrimiento del sexo lo denomina «la gran alegría». Observad que aquí habla de algo fuertemente biológico, natural: sexo, literalmente:

Mi disposición para el placer erótico raya en lo milagroso.

Pero enseguida matiza. Esta «gran alegría» encierra una trampa: puede hacernos «*malos amantes del mundo (...) Amable solo es el que desea, no el que está saciado*». En ningún momento puede consentirse la cerrazón ante la multiforme belleza del mundo. La alegría puramente biológica no debe ser más que otra ventana por la que asomarse a la divina totalidad a cuya hermosura y justicia solo puede corresponderse modelándose a sí mismo en consonancia.

Una vez más Mann parece haber leído a Kerényi. (¡Atención! Lo hizo, y mucho; incluso sostuvieron una nutrida correspondencia). Me refiero en concreto a uno de los trabajos del historiador publicado en 1940, donde encontramos una clave para la interpretación de lo precedente:

> *En correlación con un mundo que se hace transparente en símbolos (...) nos preguntamos por el ojo que mira al hombre que se encuentra solo frente a este mundo (...) En Homero (...) existe un concepto más general y comprensivo de esa visión que se concentra incesantemente en el ser humano (...) es el* theônópis, *el ojo de los dioses (...) La mirada de espectadores divinos descansa en los hombres (...) Así se unen la visión activa y la pasiva, el hombre que contempla y el que es contemplado, el mundo contemplado y contemplante (...) El estilo de esta experiencia religiosa está contenido en la unidad. Las palabras de Linceo en Goethe no son suficientes para caracterizar lo específicamente griego: el heleno no solo «ha nacido para ver», no solo «está llamado a contemplar». Está ahí para ser contemplado. Refleja un mundo que lo contempla con los ojos abiertos y llenos de espíritu: con los ojos de Zeus o de Temis, de todos los dioses y diosas, de los antiguos y los nuevos de los que habla la mitología.*

Una vez suministrada la clave para la comprensión lo anterior no debería parecernos tan extraño; secularizado, o mejor, psicologizado, podríamos reducirlo a algo que nos es más conocido: el imperativo categórico kantiano; el sentimiento de que deberíamos comportarnos —vivir— de manera que nuestra conducta pudiera convertirse en norma universal (porque, en el fondo, una cierta instancia superior que ahora ciframos en nosotros mismos contempla y aprueba).

Felix Krull se modela a sí mismo «para gustar al mundo», y la imagen que adopta para ello es la de Hermes, desde luego dios de los ladrones —entre otras muchas actividades humanas que adoptan su patronazgo— pero también, y sobre todo, conductor de las almas, psicagogo; y no solo más allá de las puertas de la muerte física, sino también, como hemos visto, a través de todas esas pequeñas o grandes muertes del yo que nos conducen cada vez más lejos mientras nuestra biología resista; coloquialmente, mientras el cuerpo aguante.

Felix es un converso a la mirada. ¡Singular criatura de un artista de la palabra como fue su creador! Poseído por Hermes hace suya de manera natural esa actitud ante el mundo que Kerényi nos explica de mano maestra, y no deja de hacer profesión de fe de la misma en distintos lugares de la narración:

> *¡Qué curioso es, si se mira con detenimiento, el ojo humano, esa joya de toda formación orgánica (...) esa masa viscosa encajada en una cavidad ósea que, despojada del espíritu, está destinada a pudrirse en la tumba algún día (...) pero que mientras habita en ella la chispa de la vida logra trazar tan bellos y etéreos puentes por encima de todos los abismos de extrañeza que puedan abrirse entre persona y persona (...) Donde todavía no hay palabras o donde ya ha dejado de haberlas, en la mirada y el abrazo (...) se dan la inmediatez, la libertad, el misterio.*

La palabra —concluye— es un «*recurso frío, apagado,* [el] *primer producto de una moral domesticada y moderada, ajeno en su esencia a la esfera ardiente y muda de la naturaleza*». De inmediato reconoce que, al fin y al cabo, él mismo está contando su vida en palabras y que intenta hacerlo con la mayor precisión y belleza; pero sus preferencias han quedado claramente explicadas. A su manera es, como su predecesor literario Hans Castorp, el protagonista de *La montaña mágica*, un «hijo mimado DE LA VIDA». Si aquel era un *Sorgenkind* en el más melindroso sentido del término, Felix lo es en el más gozoso, pero ambos tienen como referente la vida: *zoé*, desde luego, y en tal medida *physis*; pero indisolublemente unido a lo anterior, o mejor, como otra forma de lo mismo, *bios*, y en tal medida *psykhé*.

XXII

Hace tiempo que no escuchamos a Calasso, quien tiene, entre otros muchos, el mérito de haber puesto en marcha estas conversaciones nuestras. Uno de los capítulos de su libro, que trata del, según él —yo no lo he leído— más aburrido de los libros de Platón, las *Leyes*, nos ofrece este análisis que tan al caso viene antes de abandonar el *Krull*:

> *Pregunta el ateniense: ¿Cuáles son las cuestiones más importantes? «Pensar adecuadamente [ortos] acerca de los dioses y vivir bien [zênkalós]». Una vez más* kalós *es la palabra que prevalece. Si la vida no está envuelta en lo bello, que por otra parte es el primer significado de* kalós, *no podrá aspirar a ser la cuestión «más importante». Aquí no habla solo Platón (Leyes); toda Grecia está incluida en esa fórmula, que no se aplicó en ninguna otra parte y que, después, nunca iba a repetirse.*

Viene al caso, he dicho, aunque ahora debo matizar mi afirmación: Felix Krull, el personaje y el libro —es decir, su creador— desmienten la última frase. En el fondo él mismo sabía que su afirmación no era exacta; que seguramente podía aplicarse solo —y nada menos— al espíritu de los tiempos, de los demás tiempos, es decir, de manera general, pero dejando lugar a las excepciones que, según los casos, se manifestarán como locura, posesión diabólica u obra de arte, o bien como las tres cosas a la vez; ya nos hemos tropezado con un par de nombres que ilustran la congruencia social de esos etiquetados. No mucho más lejos de la precedente declaración podemos leer esta otra:

> *Los dioses fueron solo maestros de la transformación. Incluso cuando el mundo se aquietó siguieron aplicando la potencia primordial de la metamorfosis a casos singulares, a ocasiones particulares, para que la vida no perdiese su carácter aventurado. Así, los perfiles indelebles que los dioses ostentaban no cesaron nunca de mezclarse con el torbellino de apariciones de las que se habían desprendido.*

Felix Krull proclama gozosamente no ya el retorno, puesto que nunca se habían marchado, sino la reciente epifanía de aquellos dioses que no eran, como hemos visto, sino las manifestaciones de algo superior, lo divino —lo divino natural—, en el ser humano. Heine escribió *Los dioses en el exilio* para recordarnos que simplemente habían sido expulsados por las religiones monoteístas, violentamente travestidos, en busca de una mayor eficacia de la interdicción, en demonios. Pero no parece que esa tosca maniobra pueda con ellos. De nuevo Calasso, enmendándose definitivamente a sí mismo:

> *Como tales, después de muchos siglos, siguen existiendo. Tienen el privilegio de no pedir ofrendas. Vuelven a ser lo que acaso fueron desde el principio: imágenes de la vida autosuficientes, exentas, soberanas.*

Después de Platón, nuestro guía se ocupa de Plotino. Recordemos otro testimonio suyo que ya escuchamos en una conversación anterior:

No es Platón, sino Plotino, el verdadero inventor de la interioridad. La mística cristiana (...) aplica, valora y elabora lo que Plotino había descrito y circunscrito: el territorio en el que el individuo se aventura en lo divino. Cuando la mística cristiana se agotó, el relevo fue tomado por la Innigkeit *de los románticos alemanes, extendiéndose hasta Proust. Cerca de Plotino está Schubert.*

Hasta tal punto es el inventor, o más bien el descubridor de la interioridad, que uno de los creadores de la psicología profunda, Carl Gustav Jung, tomó de él el término y la noción de arquetipo. Pero veamos lo que, concretamente, rescata para nosotros el italiano:

Plotino dice: «No hay que pensar que en lo que los dioses y aquellos seres beatíficos ven allá sean proposiciones, sino que cada uno de nuestros enunciados son allá simulacros [agálmata] bellos, como se puede imaginar que se daban en el alma del varón sabio, pero no simulacros pintados, sino reales».

Estos *agálmata* que se dan en el alma del varón sabio, precisamente por ser reales, por remitir a una verdad difícil de explicar salvo por el irrebatible peso de su presencia, son imágenes originales u originarias:

En un mundo hecho de copias de copias, como había descrito Platón, Plotino introduce la 'imagen original', archétypon, *que se encuentra en el 'final del viaje'. Es un viaje que repite la sucesión de los Misterios: el pasaje por los 'simulacros',* agálmata, *que están en el vestíbulo, por el* ádyton, *al nicho secreto donde se desvela 'la fuente de la vida, la fuente de la mente, el principio del ser, la causa del bien, la raíz del alma', y se descubre que son una única cosa. Pasaje de la 'imagen',* eikon, *al arquetipo, que es el origen de la imagen.*

Esto son los dioses de Jung y de Hillman. Ha sido preciso dejar pasar diecisiete siglos para estar en posición de comprender estas frases:

> *«Quien estuviera poseído por algún dios, presa de Apolo o por alguna Musa, alcanzaría la visión del dios dentro de sí mismo, si fuera capaz de mirar a dios dentro de sí mismo». No hacen falta convulsiones ni desasosiegos. No sirven de nada los protocolos psiquiátricos. Basta con que uno tenga 'la fuerza de mirar al dios dentro de sí mismo'. Singular compañía. Quien mira no es arrasado ni absorbido en algo externo que lo someta, sino que acoge en sí y reconoce como propio algo que es el dios mismo (...) Para Plotino, la purificación es un acto que puede tener consecuencias extremas: la asimilación a un dios, hasta identificarse con él. Eso basta para quitar a la purificación todo sobrentendido de moralidad. Plotino lo precisa: 'Pero la meta de nuestro afán no es quedar libre de culpa, sino ser dios'. ¿Qué dios? También a esto responde Plotino: 'Uno de los que vienen de allá'; y una vez llegados 'aquí se establecieron en la mente'.*

Poseído por un dios; Hermes, en el caso de Felix Krull; y de su artista creador, Thomas Mann.

Cedamos la última palabra a Calasso. Se lo merece.

> *Son los dioses quienes explican a quien intenta explicarlos, no al revés.*

XXIII

Volvamos al nodo de estos pensamientos míos, de estas conversaciones nuestras: el descubrimiento de lo divino y (¿o más
bien *en*?) la asunción de la finitud. Hagámoslo de la mano del
que fue mi guía desde la juventud, este Thomas Mann junto a
quien tanto he caminado y sigo caminando, este poeta poseído
por un dios pese a su, a veces grotesca, encarnadura burguesa
(no puedo olvidar una foto suya que vi en Davos, en el curso de
unas jornadas sobre su obra, que lo mostraba en casto bañador
provisto de camiseta, con zapatos blancos y calcetines sujetos
por ligas a sus pantorrillas desnudas; leyendo, eso desde luego).
  Gustav von Aschenbach pasa casi toda su vida intentando,
con éxito, ajustarla al lecho de Procusto de la ética oficial: trabajo, disciplina, atenimiento a los valores burgueses. Precisa de
una sacudida, de una revolución interior para hacer caso a la voz
interior —el *daimon* socrático, el dios— que ha impedido que
abandone por completo el servicio de la belleza y que ahora,
doblado el cabo de la mitad de la vida, le reclama el cumplimiento sin trabas de dicho servicio. Su recién ganada libertad, pues
libertad es, no nos confundamos, le permite salir de la vida de la
mano de la belleza, guiado por un dios, con emocionada, incluso gozosa aquiescencia. Justo a tiempo, podríamos decir. Felix

Krull ha terminado sus andanzas, al menos las literarias, en la cárcel, según su propio testimonio en edad avanzada, y recapitula su vida con alegría y agradecimiento. El suyo es un escrito de despedida en el que no se percibe atisbo de nostalgia. Y la muerte del creador de ambos, según el testimonio de su hija Erika, en nada se diferenció de la de sus criaturas.

Sin duda una de las razones de esta actitud fue su temprana sensibilidad hacia la caducidad de la vida. Recordemos que comenzó a escribir —dejando al margen breves relatos en los que también aparece el tema— sobre la *decadencia de una familia* (*Los Buddenbrook*) que inequívocamente era la suya. Y enseguida se encontró con los dioses de los griegos, que ya no le abandonaron hasta el final. «*La filosofía es el ensayo de la muerte, según dijo Platón*» —escribe Hillman—; y continúa:

> *Spinoza dio la vuelta a la máxima platónica diciendo (*Ética, IV, 67*) que el filósofo no piensa en otra cosa que en la muerte, pero la suya no es una meditación de muerte, sino de vida.*

Recuerdo haber mencionado este texto en otro lugar, quizá en una conversación precedente, así como haber señalado, citando a alguno de mis maestros, que la obra de arte es uno de los lugares escogidos por esta filosofía —por los dioses— para poder seguir entre nosotros y abrirse paso a través de la coraza impuesta por la cotidianeidad y por nuestra propia cerrazón.

Lo efímero: la gloria del mundo.

Lo que al respecto supieron los griegos, al menos algunos de ellos, filósofos o poetas, como Menandro:

> *Feliz entre todos llamo al hombre*
> *que ha contemplado sin pesar las excelencias*
> *de este mundo, y torna entonces raudo*
> *al lugar de donde vino. Pues todo eso:*
> *el sol que brilla para todos, las estrellas,*
> *el mar, el paso de las nubes, el fulgor del fuego:*
> *si vives cien años, lo estarás viendo constantemente,*

y aunque muy pocos vivieras
nunca verás nada más elevado.

Los órficos, luego los adoradores de Mitra y los cristianos, murieron (y mueren, en el caso de los últimos) esperando ver «algo más elevado», valioso consuelo sin duda para quienes realmente estén convencidos de ello. Otros tornan al lugar de donde vinieron. *Nostos*: retorno. Nuestro modelo mítico es el de Odiseo, que retorna a Ítaca, donde Homero lo deja dando por sentado que morirá. Para los helenos más tardíos, que habían empezado a olvidar el saber de los dioses de las generaciones precedentes, alguien tuvo que completar la historia haciendo llegar a la isla a Telégono, el hijo que Odiseo habría tenido con Circe, para darle muerte porque, aunque inmortal en la memoria de los seres humanos, también era uno de ellos y su destino era el común.

XXIV

El poeta ve a través de los hechos incluso cuando los que participan en ellos ven sólo la superficie; y a menudo, cuando los partícipes sienten sólo el roce de una mano divina, el poeta sabe de qué dios se trata y conoce el secreto de su intención.

Esto dice Walter F. Otto en su estudio sobre los dioses homéricos. Filólogos como él, historiadores, filósofos, algunos —pocos— psicólogos, acaban remitiéndose y remitiéndonos a los artistas para aproximarnos a ese fenómeno que venimos denominando lo divino. Podría decirse que yo no he hecho otra cosa desde mi juventud y que es a través del arte como he llegado a la historia, a la filosofía, a la psicología, y no diré que a la filología pues en este campo mis conocimientos son siempre de segunda mano; pero, eso sí: ¡de qué manos!

Hoy vamos a cambiar de guía, aunque el elegido ya no es un recién llegado a nuestras conversaciones. Se trata de James Hillman, quien, a mi juicio, ha sabido prolongar un camino iniciado por Carl Gustav Jung: el de la reconquista del arte y de los dioses para una concepción ambiciosa y creativa de lo que se denomina psicología; tan ambiciosa como para que este nombre le quede estrecho, pese a que podamos utilizarlo para entendernos sin necesidad de dilatadas explicaciones. Iremos de lo menos sorprendente a lo más intempestivo de su pensamiento. Propongo un ejercicio práctico: que lo apliquemos a cuanto hemos hablado en las noches precedentes sobre Thomas Mann.

Lectura «ingenua» —todo lo contrario: cargada de prejuicios culturales, entre ellos los psicoanalíticos— de *La muerte en Venecia*: un escritor homosexual, reprimido en este como en otros aspectos de su vida, baja, de repente, el listón de su autoexigencia y su autocontrol, se va de vacaciones y se enamora de un adolescente; lo vive como algo inmoral, se siente culpable al traicionar sus valores y finalmente muere de manera vergonzosa —con el maquillaje y el tinte para el cabello chorreándole por la cara— con el pretexto de una epidemia de cólera, que hace las veces de ángel exterminador. Toda una lección de moral autoinfligida, además de un regalo en forma de diagnóstico para el aficionado a la psicología, pues sabido es que Thomas Mann era, como poco, bisexual.

Hagamos otro tanto con las *Confesiones*: otro «viva la virgen», ese Felix Krull, que después de concederse una vida golfa y divertida acaba donde merece: en la cárcel. ¡Menos mal que su creador es un maestro de la moral burguesa y, al final, pone a cada uno en su sitio!

Para empezar, algo así tendría que matizarse. Si el lector de esas novelas ha leído también las cuatro que componen *José y sus hermanos*, cuyo trasfondo mítico es muchísimo más explícito —el Antiguo testamento, pues no en vano el tal José no es otro que el hijo de Jacob—, habrá de tomar en consideración que este otro poseído por Hermes acaba su asendereada vida como primer ministro —para entendernos— de un faraón. Pero he prometido acercarte al pensamiento de Hillman y es lo que haré sobre el fondo de nuestra compartida y hermética lectura de aquellas dos novelas.

¿Hay que interpretar siempre una creación artística desde la biografía, y no digamos la psicología *conocida* de su autor? No sería razonable dejarlas de lado, pero cuando una historia sobrepasa el nivel del mero entretenimiento; cuando atisbamos que tiene pretensiones, en el más noble sentido del término, o cuando intuimos que supera lo propuesto por el autor, conviene no dejarse encadenar por lo aparentemente obvio. Algo así es lo que exigen los clásicos, y Thomas Mann es un clásico. Veamos qué dice Hillman de los creadores.

> *Las ficciones de un autor suelen ser más significativas que su propia realidad y contienen más sustancia psíquica, la cual sobrevive a su «creador». Un autor crea solamente por la autoridad que le confieren sus ficciones.*

Esto es particularmente obvio en lo que se refiere a Mann. La biografía de cualquier novelista de la generación *beat* es inequívocamente más sugestiva que la de nuestro autor, calificado de pedante incluso por quienes lo admiran. Y sin embargo...

Sin embargo, estaba poseído por un dios; por Hermes, concretamente. Y ¿qué dice Hillman sobre esta divinidad?

> *Hermes, que engaña a Zeus —su padre— nada más nacer, es el impostor nato que trae el equívoco al mundo con autoridad divina. Es el dios del equívoco, y también guía del alma (...) El único que puede contar la verdad, toda la verdad, sobre el alma es Hermes, cuyo estilo es el de la duplicidad.*

Y eso es así porque *psykhé*, que, como nos enseñaron algunos maestros griegos, es la otra forma de concebir la *physis*, no puede ser sino cambio, y para los seres humanos, como demuestra lo que acabo de decir sobre nuestra capacidad de comprensión, duplicidad. «*Hermes* —sostiene Hillman— *no está condicionado por la falacia moralista*».

Esta es la clave: Hermes, los dioses, la *physis*, no tienen absolutamente nada que ver con la moral. La moral tiene que ver con la existencia del ser humano concreto, que es solamente una parte de la *physis* y la *psykhé* universales, de manera que es un error tomar la parte por el todo (sinécdoque, creo que se llama la figura). Lo que no hemos comprendido, según Hillman, es que los dioses griegos eran inhumanos —como lo son, en cierto sentido, los más profundos contenidos de la psique inconsciente de cada cual—. En el mundo griego no cabían relaciones de afecto, y menos de amor, con los dioses. La palabra *philothéos* no aparece hasta el siglo IV y solo entre los cristianos. Y un cristiano, al menos nacido como tal en el siglo veinte, Rilke, ya supo ver que «*todo ángel es terrible*».

XXV

Los dioses han vuelto del exilio al que fueron expulsados. Hölderlin lo anunció y no fue escuchado, o bien se tomó su anuncio como un mero expediente estético. De poco le valió volverse loco, salvo para pasar una temporada en la clínica del doctor Autenrieth y las décadas finales de su vida algo más abajo, junto al Neckar, en la romántica torre del señor Zimmer, cuya hija admiraba el *Hiperión*. Luego siguieron infiltrándose de la mano de otros artistas, especialmente de Thomas Mann, para que nos fuéramos familiarizando con ellos, o mejor, para que empezáramos a reconocerlos. Nietzsche dio el gran empujón, Jung afrontó el *tour de force* de aclimatar entre nosotros a casi todos los dioses de casi todas las culturas y Hillman, más prudente, eligió consolidar el retorno de los que nos son más próximos: los de la antigua Grecia. No todo el mundo ha recibido la noticia y aún menos personas la han comprendido; pero, ¿no ocurrió lo mismo, al fin y al cabo, entonces?

¿Revisamos lo esencial de las tesis de Hillman? No es lo mismo que leerlo, pero, ¿para qué estamos aquí, sino para que intente compartir contigo algo que tu agitada vida no te permite conquistar a base de tiempo y serenidad? Yo gozo del privilegio de la edad y del no menor de haber conseguido hacer de mi forma de ganarme el sustento la manera de hacerme digno de mi alma, y el modo de pagar semejante deuda no ha sido otro que contarlo, como los aedos griegos contaban sus historias míticas, a la cabeza de todas la de Odiseo.

Precisamente he comenzado hace un par de días a releer la *Odisea* «con las gafas de Hillman», y muy pronto he encontrado un fragmento que no puede ajustarse mejor a su pensamiento. Es Zeus quien habla a los demás dioses, refiriéndose al asesinato de Agamenón por Egisto y el ulterior de este a manos de Orestes:

> *¡Oh dioses! ¡De qué modo culpan los mortales a los númenes! Dicen que las cosas malas les vienen de nosotros, y son ellos quienes se atraen con sus locuras infortunios no decretados por el destino.*

Los mortales, que han creado a su imagen y semejanza a los inmortales, los acusan de ser los culpables de sus actos. Homero —o quien quiera que fuese quien escribió el poema y atribuyó esas frases a Zeus— acababa de anunciar a sus oyentes, luego a sus lectores, el guion de las desventuras del héroe, llevadas al extremo por la ofensa a una deidad perpetrada por sus compañeros. El «*prudente Odiseo*»

> *... no pudo librarlos, como deseaba, y todos perecieron por sus propias locuras. ¡Insensatos! Comiéronse las vacas del Sol, hijo de Hiperión, el cual no permitió que les llegara el día del regreso.*

Hiperión —dicho sea entre comillas, aunque yo no las escriba— no lo permitió, pero no fue él la causa, sino «*sus propias locuras*». Un despropósito, una *imprudencia* que ni siquiera el prudente Odiseo pudo evitar, les cuesta la vida. Un acto de *hybris*, la ruptura de un orden divino —el de la *physis*, por si hiciera falta repetirlo— es lo que está detrás de lo que aquí se nombra Hiperión y de lo que se representa bajo la figura de la ingestión blasfema del animal característico del sacrificio en la antigua Grecia.

Por otra parte, no podemos caer en el literalismo, algo que Hillman no nos perdonaría. Lo que nos importa de la Grecia histórica es su sustrato psicológico y antropológico. Su propuesta es que el mito griego debe entenderse más como una psicología que como una religión. Y la geografía de esta Grecia reaparecida entre nosotros es muy extensa, tanto en el espacio como en el tiempo, y en buena medida imaginaria, psicológica:

> *Una región psíquica histórica y geográfica, una Grecia fantástica o mítica, una Grecia de la mente que sólo está conectada de modo indirecto con la geografía y la historia reales. [Es un] paisaje interno, una metáfora del reino imaginal en el que moran los arquetipos en forma de dioses (...) La arqueología se transforma en arquetipología.*

Frente al «monoteísmo de la consciencia», donde impera el yo, el psicólogo estadounidense propone recuperar aquel politeísmo de nuestros orígenes, que Jung formuló en términos de «arquetipos» y «complejos», ofreciéndonoslo de una manera poética que habla más directamente al alma. Con ello consigue además algo extremadamente valioso:

> *Los mitos abarcan los fenómenos desacreditados por la psicología normativa, donde se los califica de anormales, extravagantes, absurdos, autodestructivos y enfermizos. Si seguimos de cerca esta diferencia entre psicología normal y mitología, veremos claramente que la mitología salva los fenómenos de la psicopatología. La psicología sólo es capaz de acoger estos fenómenos del alma desacreditándolos; la mitología cree en ellos tal como son y los juzga necesarios para su integridad: no pone excusas, porque no está presentando nada que esté mal. No es el mito lo que está mal, sino nuestra ignorancia de sus efectos sobre nosotros.*

Si aceptamos lo anterior podemos concluir que Gustav von Aschenbach no es un maricón —observa lo intencionado de esta caída en lo vulgar—, del mismo modo que Felix Krull no es un tramposo, pues

> ... *la terapia clínica (...) hace a sus pacientes individualmente responsables y personalmente culpables de los arquetipos universales. Se nos hace responsables no sólo de nuestros propios actos, sino también de los actos de los dioses (...) Las emociones siempre son míticas, mucho más grandes que la vida y a cierta distancia de ella.*

El artista, como hemos visto, no acepta esa imputación. Thomas Mann suscribiría esta declaración de Hillman:

> *Hay que liberar a la psique de la falacia moralista.*

XXVI

Leído en Glenn W. Most: «The Poetics of Early Greek Philosophy», en *The Cambridge Companion to Early Greek Philosophy*:

*El principio rector (*archê*) que busca el filósofo tiene tal fuerza que descubrirlo significa comprender la esencia del mundo; es decir: los* stoicheia *no son simplemente elementos sin más, sino los elementos esenciales sin los cuales cualquier fenómeno complejo no sería lo que es. Los primeros filósofos griegos tienden a explicar la esencialidad en un sentido reductivamente numérico: los principios esenciales deben ser uno o pocos para justificar su privilegio. Thales plantea un solo principio, agua; harán falta algunas generaciones para que sus sucesores lleguen a comprender que la diversidad y la condición procesal de la naturaleza requieren más de un principio explicativo, y aun así se propondrán encontrar un número de causas tan reducido como sea posible. Esta es sin duda una importante razón para que los filósofos adscriban tan a menudo carácter divino a los principios que descubren, y gusten de aplicar a su presunta eficacia metáforas de fuerza incuestionable —controlar, dirigir, pilotar—, pues haciéndo-*

lo enfatizan que esos principios son de importancia esencial para explicar el mundo.

No debemos olvidar que solo conservamos fragmentos de estos pensadores, a menudo transmitidos por autores más tardíos. Lo que deseo hacer notar al respecto es que los textos perdidos de los que estos fragmentos, por vía directa o indirecta, proceden, fueron atribuidos por sus doxógrafos a «libros» cuyo título genérico sería *Peri physeos*, «sobre la naturaleza». Los elementos serían, pues, principios esenciales de esa magna unidad-multiplicidad que todos convinieron en llamar *physis*, divina en sus elementos porque ella misma era lo divino. El texto que acabo de citar me ha interesado especialmente por algo que podemos leer en la perspectiva del pensamiento psicológico de Hillman y Jung: quien es considerado el primero de los *physiologoi*, Thales de Mileto, piensa a contracorriente de sus contemporáneos porque lo hace —así lo han reconocido todos sus intérpretes modernos— *como científico,* aunque recientemente se ha señalado el reduccionismo presentista que hace de los pensadores milesios unos científicos *avant la lettre*. Nuestra filosofía de la ciencia tiene como uno de sus axiomas lo que se denomina «elegancia» de sus fórmulas: que con un altísimo grado de simplicidad enuncien lo que tiene que enunciar. Y eso no es nuevo; ya la escolástica aseveraba que *principia praeter neccesitatem non sunt multiplicanda*. Pero en la Edad Media europea esto era casi una tautología, pues el consenso sobre un único principio —Dios— era incontestable. Thales, en cambio, establece un único principio en medio de un mundo politeísta. También Heráclito lo hace, aunque prefiere elegir el fuego. Pero en la práctica, quien se lleva el gato al agua —y al fuego, y a la tierra, y al aire— es Empédocles. La física y la medicina eligen su *tetraktys* para desarrollarse, o mejor, para iniciar un camino que, a través de sucesivas bifurcaciones, conducirá hasta nuestro presente.

Pero ¡atención! Empédocles no nombra sus cuatro elementos como acostumbramos —de manera inconscientemente materialista— hacerlo nosotros: aire, agua, tierra y fuego, sino con nombres de dioses:

> *Oíd primero los nombres de las cuatro raíces de todas las cosas:*
> *Zeus, deslumbrante; Hera, portadora de vida; Aidoneo,*
> *Y Nestis, que humedece las fuentes de los mortales con sus lá-*
> *grimas.*

(*Nota bene*: Aidoneo, del que no se dice nada concreto, es otro nombre de Hades).

La tensión entre esas raíces que genera el movimiento inagotable de cuanto existe se debe a dos fuerzas contrapuestas: amor (o amistad) y odio; la primera se nombra en algunos fragmentos Afrodita, Cipris —que viene a ser sinónimo— o Harmonía, y la segunda Eris, nombres todos de divinidades.

Parece probable que Empédocles hiciera esto con la intención de ser mejor comprendido por sus contemporáneos; pero ¿resultaba imprescindible casi un siglo después de Thales? Seguramente no podemos pensar en aquella época en la perspectiva de vértigo que caracteriza nuestra sociedad de la comunicación, y en tal medida la de Empédocles podría haber sido una actitud estratégica. El caso es que, al escoger como artificio literario la prosopopeya —y una prosopopeya al cuadrado, si así puede decirse, pues los dioses, como hemos visto, ya son prosopopeyas— restituye, a mi modo de ver, a una *physis* momentáneamente des-animada, su otro rostro: el de *psykhé*.

Y esto me trae a la memoria uno de los textos de Calasso que en su día subrayé, que a su vez me despierta recuerdos del pensamiento junguiano:

> *En cuanto a la ciencia, también a partir de los años de Des-*
> *cartes, se puede decir que ha fundado su fortuna sobre una*
> *enorme omisión: ignorar a la psique del científico que la ela-*
> *bora —y la consciencia en general. Cada vez que se ha vio-*
> *lado esta regla (glándula pineal, homunculi, resurgimientos*

127

diversos del vitalismo) la ciencia ha fracasado. Cuando ha respetado su movimiento fundamental, la ciencia ha alcanzado resultados sorprendentes. Al final ha descubierto, entre los objetos a investigar, lo que había omitido. En la lista de los datos de hecho, la consciencia no puede ser expurgada, siendo invasiva y omnipresente. Incluso podría ser considerada el dato de hecho primario. De este modo la ciencia ha reconocido que no podía evitarla —y se encontró frente a un continente que no era desconocido sino ignorado.

XXVII

Aún quedan asuntos en esa lectura de Calasso que ha puesto en marcha estas asociaciones con otras lecturas, y de todas ellas con mi propia manera de pensar y sentir, que estoy compartiendo contigo. Uno de ellos, relacionado —cómo no— con lo que venimos tratando es el que trata de nuestra forma de ver a los animales, de relacionarnos con ellos, y aún más, de preguntarles sin palabras qué pueden enseñarnos acerca de esa realidad fundante que es la *physis*. Refiriéndose a la reconocida influencia del pensamiento egipcio sobre el de no pocos pensadores griegos, Calasso se detiene un instante sobre la adoración tributada a los animales por aquella antigua cultura. Como es sabido no se trata solamente de que algunas divinidades tengan aspecto animal, sino también del hecho incontrovertible de que gatos, serpientes, etc., recibieran un culto funerario que imaginaríamos solo destinado a los seres humanos. Esto es lo que al respecto piensa el italiano:

> *Para los egipcios los animales no son cualidad, no son metáfora. Lo que se adoraba era «el animal en cuanto tal» (...) En los animales —en todos los animales— los egipcios veneran «su sabiduría inarticulada, su certidumbre, su modo de ac-*

tuar sin dudar y, sobre todo, su realidad estática». Una rea-
lidad finalmente inmutable: era acaso esto lo que los egipcios
anhelaban ante todo. Era su modo de reaccionar frente a un
sentido muy agudo de la precariedad.

Los entrecomillados —citas textuales— corresponden a
Henri Frankfort, egiptólogo holandés; es la referencia de autori-
dad. La aportación original de Calasso atañe a su hilo conductor
y, por extensión, al nuestro: los animales mueren, pero son inmortales de la única manera que la *physis* permite: la inconscien-
cia. El animal no sabe que es mortal, efímero: «¡Quién pudiera
morir como un gato!», pensará más de uno. Claro que cuando
se es consciente al modo humano uno puede imaginar diver-
sas formas de inmortalidad, pero —al menos desde mi punto
de vista— se trata solamente de diversos modos del juego del
escondite ante la *physis*; respetables, admirables incluso, como
toda creación de la mente humana, pero meros productos de la
voluntad, esa que Schopenhauer supo reconocer como *deus ex
machina*.

Sin embargo, no es eso lo único que puede aprenderse de los
animales. En fechas aún más recientes ha caído en mis manos
otro libro, en este caso de alguien más próximo, Ignacio Pajón
Leyra, dedicado a los filósofos cínicos —es decir, caninos—: *La
tinaja de cristal: cinismo, desnudez y transparencia*. En él he encontrado ese paso adelante que me hace sentirme en mi propio
terreno. Entiéndaseme bien: no pretendo afirmar que Ignacio
llegue más lejos que Roberto, sino que los cínicos —griegos—
llegaron más lejos que los egipcios en su respeto hacia los animales, y aprendieron de ellos algo que nada tiene que ver con la
envidia sino con la humildad:

*No se centra el cínico en cómo ve el mundo un animal, sino en
cómo vive respecto a ese mundo. Ni siquiera toma el cinismo a
los animales como los «hermanos anímicos», los «iguales en
alma» que son para el pitagórico. Para el cínico los animales
son sabios; y como todos los sabios, en su acción, en su respues-*

ta vital a su entorno, son ejemplos morales. Ellos, que no se han distanciado de la physis, son quienes continúan sabiendo vivir de un modo coherente con el modo de ser del mundo. Ellos, inmersos en el mundo natural, se definen íntimamente por su inalienable autarquía. Lo que ellos hacen establece ante los ojos humanos un camino. Y en opinión del cínico ese camino, bien interpretado y adecuadamente seguido, conduce a la realización objetiva de la libertad.

«Bien interpretado y adecuadamente seguido». Aquellos filósofos interpretaron y siguieron a su modo, y esa es la enseñanza que debemos recibir de ellos, no el ejemplo concreto y al pie de la letra de su modo de desenvolverse en la vida pública; eso sin dejar de reconocer que en algunas cosas incluso la secuacidad al pie de la letra podría estar más que justificada hoy en día.

Lo más importante, al menos para mí, es lo señalado en esta frase: «continúan sabiendo vivir de un modo coherente con el ser del mundo». Los seres humanos, para nuestra suerte o nuestra desgracia —depende del punto de vista— hemos sido casi sin excepción luciferinos respecto del mundo, de la *physis. La estructura tradicional, la que nos sitúa a nosotros por encima de ellos* —prosigue el filósofo madrileño—:

... es vista por el cínico como producto de la valoración de lo artificial en que ha desembocado el proceso civilizatorio. En efecto, si admitimos como más propio de los dioses el tener menos necesidades, el ser más autónomos, más independientes de todo factor y toda circunstancia, los animales se les asemejan más en muchos aspectos. Eso es lo que el cínico ha reconocido en ellos. No es mero salvajismo, ni simple pertenencia ineludible al ámbito de lo natural. Lo que los hace especiales es su inevitable ser autárquicos; o al menos más autárquicos que los necesitados seres humanos, atados por su permanente necesitar y creadores constantes de nuevas cadenas de falsa necesidad que los distancian más y más de cualquier posible ascensión a la impasibilidad de lo divino.

Estar plenamente sometido sin remedio a las leyes de la naturaleza no tiene mérito, pero es un ejemplo para quienes, como nosotros, los humanos, tenemos la posibilidad, la pulsión incluso, del *non serviam* del ángel rebelde.

Henos aquí de nuevo: en el mundo del Dios y de los dioses. Esto sí que era inevitable, ¿verdad? Pues vamos a ver de qué modo y con qué resultado nos conduce a ellos este camino. ¿Qué dice al respecto Ignacio Pajón?

Los animales están más cerca de los dioses que nosotros.

Esto merece otro rato nocturno. Y un nuevo invitado al que ya conoces. ¡Sigamos aprendiendo de quienes han pensado antes que nosotros!

XXVIII

Donde aparecen los dioses aparece —al menos en mi discurrir— James Hillman. Que además aparezcan los animales no hace sino acentuar esta querencia mía, pues no en vano uno de los volúmenes de la *Uniform Edition* de su obra lleva por título *Animal Presences*, y nuestros parientes de reino —de uno de los clásicos tres de la *physis*— están, además, presentes en algunas otras obras suyas de las que no son protagonistas. En uno de los textos contenidos en aquel volumen hay incluso una breve aparición —poco más de una página— del pensamiento cínico, anecdótica sobre todo si se compara con el estudio de Pajón Leyra. Pero lo que realmente importa es la concordancia del pensamiento del filósofo madrileño —y el de aquellos a quienes estudia— con el del psicólogo nacido en Atlantic City que se consideraba a sí mismo más europeo que estadounidense desde el punto de vista espiritual. (Y dentro de lo europeo, para más sorpresa, ¡mediterráneo!).

¿Qué encontramos en Hillman que ayude a guiar nuestra reflexión en este asunto? Vayamos a uno de sus textos más militantes en el sentido de lo poético, de lo profundamente psicológico, de lo no-yoico y no-intelectualista; un texto —para mí y para sus editores— compuesto por dos pequeños y complementarios: *Anima mundi* y *El pensamiento del corazón*. Allí declara su convicción en que para devolver el alma al mundo hay que saber reconocerla en las cosas, tanto en las naturales como en los productos de la técnica, al fin y al cabo, creaciones humanas. Para ello —sostiene— necesitamos una visión *estética* de la realidad (*aisthesis*: sensación, pero acompañada de asombro, de admiración). Y aquí es donde entra el corazón; no la víscera que lleva ese nombre, sino la imagen mental que ha dado origen al empleo simbólico de ese nombre, de esa víscera, incluso —y, sobre todo— para quienes solo tienen una idea aproximada de su estructura anatómica:

> *Podemos responder desde el corazón, despertarlo de nuevo. En el mundo antiguo el órgano de la percepción era el corazón (...) El corazón tenía una función estética.*
> *Cuando consideramos que el cerebro es la sede de la conciencia buscamos ubicaciones literales, pero no podemos tratar el corazón con el mismo literalismo fisiológico. El movimiento hacia el corazón es ya un movimiento de poiesis: es metafórico y psicológico.*

¿Y dónde entran aquí los animales?

> *Lo que entiendo por respuesta estética se parece más bien a un sentido animal del mundo (...) Más que el olfato psicoanalítico, que busca el significado profundo y las conexiones ocultas, lo que necesitamos es el olfato del sentido común animal: una respuesta estética al mundo. Esta respuesta vincula de inmediato el alma individual al alma del mundo; yo soy animado por su ánima, como un animal.*

Que nadie busque en estas frases una apología del irracionalismo; lo único que hay en ellas es una voluntad de reconquista de ciertas habilidades anímicas perdidas, o mejor, aherrojadas. El psicoanálisis enarbola la bandera del/de lo inconsciente, pero sus mesnaderos, incluso sus capitanes, se detienen ante el lindero del auténtico bosque de lo inconsciente en nosotros: eso/ese inconsciente que es pura animalidad, para quien las pulsiones y traumas de un Edipo con mayúsculas o muchos edipos con minúsculas serían algo así como un relato de ciencia ficción; eso, suponiendo que fueran capaces de comprenderlo, que no es el caso.

Si nuestra alma no es capaz de entrar en ese bosque y reconocer que *también allá dentro* está su patria poco habremos avanzado. Y como hemos visto no han sido pocos los que han percibido la necesidad de aprender de los animales para dejar hablar a nuestros dioses.

Pero —¡ay!—: desde el tiempo de los cínicos —y no olvidemos que eran una minoría— Occidente ha seguido un camino cuyos jalones señala Hillman de manera sucinta:

> *Los animales eran una mera propiedad en Roma; seres sin alma para los escolásticos; máquinas sin entendimiento para los cartesianos y los kantianos; portadores de bestialidad, carne y pecado para los cristianos, y niveles inferiores de animalidad para Darwin.*

Reconozcamos que era difícil para los creadores de la(s) psicología(s) profunda(s) liberarse de tal herencia. Por fortuna un siglo de ejercicio, reflexión y, sobre todo, hermanamiento con la filosofía y las artes, en especial la literatura, ha permitido derribar la mayor parte de esos muros; y hasta donde yo sé, es a Jung y a Hillman a quienes se lo debemos. El mencionado volumen de la edición definitiva de la obra del segundo dedica la mayor parte de sus páginas al estudio de la presencia de todo tipo de animales en los sueños de pacientes propios y ajenos, y es esa presencia, y no el detalle concreto con que analiza cada uno de ellos, lo que más importa para nuestros fines. Los animales —mamíferos, reptiles, insectos...—

> *... vienen a nosotros en los sueños, como se supone que hacen los ángeles (...) Los ángeles —de aggelos en griego— son portadores de mensajes. ¿Qué mensajes [nos] traen?*

Los cínicos, como explica Pajón, tenían la respuesta:

> *No es del todo extraña al mundo griego la concepción del «estrato» de la animalidad como situado ontológicamente entre medias del de la divinidad y el de la humanidad. Una cierta corriente cultural «filozoísta» llega a considerar a los animales no como iguales en dignidad a los humanos, sino incluso superiores a ellos. Los animales son idealizados de tal manera que se aproximan a la esfera de lo divino. Y situados en ese estatus, y concebidos en ese grado de dignidad, trascienden la categoría de modelos éticos para convertirse en completos emisarios de la divinidad.*

¡Atención! Hemos vuelto a pasar de «los dioses» a «lo divino» o «la divinidad». Estamos de nuevo donde queremos estar: a través de los dioses —los muchos— volvemos a la divina *physis/psykhé*.

XXIX

Quinientos veinte años. Acabo de descubrir a un antepasado que nació quinientos veinte años antes que yo. Lo es —mi antepasado— en un sentido muy concreto: su alma le pidió e hizo lo mismo que a mí me ha pedido y está haciendo la mía. Hasta podría decirse, ya que hablamos de almas, del alma, que más que una conexión genealógica lo que hay entre nosotros es una suerte de transmigración, dicho sea esto privando de toda connotación esotérica al término.

Siempre he sostenido —no sin un punto de teatralidad, pero con seriedad absoluta— que lo realmente importante en mi vida, y dentro de ello, mis lecturas y los descubrimientos en ellas realizados, me ha venido a las manos sin apenas esfuerzo, a veces por lo que podría llamarse pura casualidad; en este sentido soy providencialista, de nuevo con explícita exclusión de todo lo que tenga que ver con las religiones, y no digamos con lo que casi todo el mundo llama Dios. Eso mismo ha ocurrido con el artículo sobre Marsilio Ficino cuyas primeras líneas acabo de leer. A fin de despojar de todo ropaje ocultista cuanto acabo de decir explicaré cómo ha llegado a mí dicho estudio.

Como muchísimos académicos soy miembro de una red de intercambio de información sobre investigaciones de todo género. Sin apenas esforzarme en buscar, el o los algoritmos que constituyen sus neuronas artificiales han descubierto que me interesa el pensamiento de los llamados presocráticos, de modo que prácticamente a diario la pantalla de mi ordenador me ofrece uno o más artículos relacionados con dicho tema; casi siempre, hay que señalarlo con admiración, de manera acertada. Como puede verse no hay milagro alguno —salvo que se considere como tal el resultado de una técnica que solo superficialmente se comprende— en estas pequeñas o grandes epifanías.

Es, también, en esta modesta y cismundana dimensión donde hay que situar esa transmigración de las almas de la que hablé al principio. El alma de Marsilio Ficino no ha estado esperando quinientos veinte años para «reencarnarse» (obsérvense las comillas) en la mía, ni lo ha hecho a través de sucesivas parasitaciones de otros organismos humanos o animales; simplemente ha tomado como vehículo algo tan apropiado como el texto escrito. El alma, tal como nosotros la entendemos, solo transmigra así.

¿Cómo he descubierto este parentesco? En primer lugar, por la semejanza en el recorrido espiritual. Quienes, sin ser especialistas en la materia, sabemos algo del creador de la *Academia platónica* de Florencia lo identificamos como el maestro que redescubrió el pensamiento de Platón y puso en valor el de sus seguidores etiquetados como neoplatónicos. Los estudiosos nacidos en el siglo veinte recibimos también el mensaje que promulga que la auténtica filosofía empieza con Sócrates, del que sabemos lo que nos contó Platón, y construye su sublime edificio con este y luego con Aristóteles. Cierto es que se reconoce algún mérito a los «presocráticos», aunque devaluado precisamente por esa etiqueta de cuño decimonónico, limitado a su papel como heraldos de un incipiente pensamiento científico. Solo después de pasar por esta dudosa iniciación llegamos algunos no profesionales a interesarnos por esos autores que vivieron antes que Sócrates —alguno incluso fue su contemporáneo— descubriendo que su pensamiento tiene un valor sustantivo y además, frecuentemente, muy poco «socrático». Algo similar parece haber sucedido a Ficino, según documenta el autor del artículo, Georgios Steiris, basándose en la *Theologia platonica de inmortalitate animorum* de aquel, publicada en 1482, es decir, en plena madurez.

En cuanto a la metempsicosis —sobre la que, por cierto, aún no sé lo que Ficino pensaba—, para mi uso personal me quedo con lo que afirma Steiris:

> *Para Ficino existe una eterna e indestructible continuidad en el conocimiento que arranca del distante pasado y continúa hacia el futuro. Ficino considera, literalmente, a Platón como un eslabón en una tradición mucho más antigua de teólogos y transmisores de sabiduría.*

El alma nunca está quieta, y por eso no está limitada a la existencia de un cuerpo que la sostenga. ¿Para qué, si no necesita soporte alguno? El alma que anima un cuerpo lo hace escribir y así se regala, juguetona y generosa, a otros muchos a través del espacio y del tiempo; cuerpos —y almas «corporalizadas»— que se sienten, de súbito, como alegremente parasitadas por algo que les trae júbilo y luz, en otras ocasiones temor y pesar; riquezas, en cualquier caso. Y así el alma sigue su viaje despreocupada del destino de esas artísticas creaciones suyas que llamamos materia.

*****

Han pasado nueve horas desde que escribí lo anterior. Entre tanto he podido leer el artículo completo. Su conclusión principal, que lógicamente despierta mi simpatía, es que Ficino tomó de Heráclito lo que le convino, leyendo incluso de la manera más «ficiniana» algunos de sus textos, con la intención de reforzar un platonismo que era, esta vez, *su* platonismo, es decir, su filosofía más propia, que debía a Platón —y a Heráclito— lo que no podía dejar de deberles. Nada podía ser más coherente con esa idea del trabajo del alma, de la búsqueda del saber formulada al comienzo; y nada más conforme con mi propia forma de proceder: Heráclito, Platón, Ficino, y luego Hölderlin, los románticos alemanes, Jung... Acudo a ellos porque los necesito; porque forman esa cadena a la que me siento impelido a asirme, pero lo que sale de esa decisión es mi filosofía. Cuando ellos aparecen son mi Heráclito, mi Jung... El alma que se expresa a través de mí se/me alimenta de ellos para volar hacia otras páginas que quizá tengan un destinatario. En todo caso he intentado ser fiel a las que le pertenecen.

XXX

No podía imaginar que algunas cosas de la mayor importancia que he aprendido a lo largo del tiempo, especialmente en fechas recientes gracias a mis *physiologoi*, pero siempre en el marco del pensamiento occidental, pudieran encontrar su reflejo en el oriental. Aunque, bien pensado, no sé por qué me sorprendo después de haber dedicado tanto tiempo a la lectura de Jung. En resumidas cuentas, lo que he encontrado en Quignard es una confirmación de aquella sospecha sobre la profunda identidad de las más íntimas manifestaciones de la psique humana sean cuales sean sus coordenadas. En este caso, además, en una cuestión esencial que es el hilo conductor de estas conversaciones: nuestra finitud y al menos una de las actitudes ante el reconocimiento de la misma:

> *En el budismo de los antiguos japoneses el polvo estelar es de una naturaleza tan densa que quien lo contempla se desvanece, con los brazos alzados por encima de la cabeza, cayendo hacia atrás.*
> *¿Dónde se deposita el polvo?*
> *Cuando ya no hay mirada para él es cuando viene.*
> *Es el antaño que cae en el presente.*

Irradia como una forma pura y es la muerte.
Luego el polvo vuelve a subir hacia las estrellas bajo la forma
del vacío.

La postura del cuerpo que se describe es la misma que ha llevado a los arqueólogos estudiosos del mundo griego más antiguo a establecer que las figurillas de forma humana así representadas dan cuenta de una epifanía: quien adopta esa postura se encuentra, de súbito, ante una divinidad. Uno de esos instantes epifánicos, quizá el único, al menos para muchos, coincide —según lo sostenido en la cita— con la muerte.

«Pulvis es et in pulverem reverteris». «Con el sudor de tu rostro comerás el pan hasta que vuelvas a la tierra, porque de ella fuiste tomado; pues polvo eres, y al polvo volverás.» (Génesis, 3, 19). Una vez más me aparto de esta poderosa y ponzoñosa fuente de nuestra cultura. ¿Polvo de la tierra? ¡Polvo estelar! Y no se vea en ello idealismo alguno ni un disimulado afán de trascendencia: *«Luego el polvo vuelve a subir hacia las estrellas bajo la forma del VACÍO».*

Son «las estrellas» lo que importa. Lo que sigue siendo. *Physis.* También la tierra es *physis*, me diréis, y con razón; pero en la manera de representarse ese retorno al *humus* hay todavía demasiado provincianismo (de la tierra), materialismo, incluso opción a la reencarnación —en planta, luego animal...— ya sea pitagórico o no el pensamiento subyacente. Y a ese sustrato natural se ayuntaría de algún modo —pitagórico o no— el alma...

Esa *psykhé* sigue estando, para mí, demasiado lejos de la *physis*. Lo que me ofrece la doctrina más aceptada entre nosotros sufre una fractura irreductible; la querencia por la dualidad es su causa. El vacío estelar de los budistas japoneses me parece más «lleno» —*plenum*—, más «uno». Y más grande, sobrehumano: *«cuando ya no hay mirada para él es cuando viene».* Sobrehumano, pero susceptible de ser concebido como tal por un ser humano que no se siente medida de todas las cosas.

Para lo que se puede ver ya están los dioses; *nuestros* dioses. La divinidad no es nuestra y nuestros ojos no están hechos para contemplarla.

No hay más allá para nosotros. El resto de criaturas con quienes compartimos la tierra ni siquiera pueden plantearse esa enternecedora y sin duda artística creencia. Nosotros llevamos haciéndolo desde muy temprano, pero a lo largo del camino de la historia algunos han descubierto algo diferente; algo que también está descrito en las líneas citadas: esa muerte, esa disolución en el «polvo estelar» —también una imagen poética, sin duda— no conduce a ningún más allá. La epifanía que allí tiene lugar nada tiene que ver con el futuro: «*es el antaño que cae en el presente*».

XXXI

El paraíso es el tiempo anterior al tiempo: Quignard *dixit*.

Ni siquiera este recurso mío al latín —en un sintagma tópico, por otra parte— nos lleva tan lejos en el tiempo como sería deseable para constituir la música de la canción cuya letra es la citada. Incluso si hubiera, y yo lo conociera, algo semejante en griego, aún nos dejaría decepcionantemente cerca. El tiempo anterior al tiempo... El pensador francés —pensador; autor de un libro titulado *Mourir de penser*— se refiere, según se desprende del resto de su obra, a la vida intrauterina, asunto al que regresa con obsesiva nostalgia aquí y allá; a ese *dernier royaume* que da nombre a todo su largo y aún inconcluso —¿último?— proyecto literario. La vida intrauterina, incluso el momento, conocido solamente cuando ya se lleva tiempo desarrollando una existencia marcada precisamente por el tiempo —la existencia extrauterina—, de la fecundación; de una fecundación que da origen al individuo que es cada uno y que a su vez es resultado de una cadena de innumerables fecundaciones:

No somos sino la huella viva de una escena que ya no existe.

145

Por muy lejos que nos remontemos siempre habrá un abrazo entre abuelos.
No somos el manantial. Antes de nosotros hubo un abrazo invisible que no cesa de reproducir los visibles sin mostrarse a ellos jamás.

Pero, con ser cierto lo que acabo de decirte, no lo es menos que allende la nostalgia su pensamiento lo lleva aún más lejos, al menos a saber que hay un más lejos:

Sí, la luz solar brotaba antes del nacimiento, antes de la vida, antes de los seres.
Sí, hay una luz que dura más que el tiempo.
No hay ningún nunca más en el antaño. Hay un día. Un día ya. Un día todavía. O más bien no hay ni siquiera un día opuesto a la noche (...) Hay érase una vez.
Antaño como exodia pura, salir a la luz, brotar, phuein, manantial, fons, ek-sistencia.

Esto está escrito, publicado al menos, en 2002. En 1970 vio la luz un personaje de ficción que se presenta así:

Siempre me ha escandalizado la ligereza de los hombres que se preocupan afanosamente por lo que les espera después de la muerte mientras que les importa un bledo lo que era de ellos antes de nacer. Este lado vale tanto como el otro, sobre todo porque, probablemente, es su clave. Ahora bien, yo ya estaba aquí hace mil años, hace cien mil años. Cuando la tierra todavía no era más que una bola de fuego girando en un cielo de helio, el alma que la hacía arder, que la hacía girar, era la mía.

Estas líneas deberían bastar para admitir mi afirmación de que la obra de la que procede es, probablemente, una de las novelas filosóficas más poderosas de Occidente. Y esa fuerza le viene de la conciencia de quien habla de un saber que despuntó entre aquellos a quienes tanto admiro y debo, los griegos de las etapas denominadas arcaica y preclásica: antes de que surgiera algo que puede pensar y decir «yo» estuvo *physis*, que también estará después de que «yo» se extinga. Y el «alma» —*psykhé*— de esa *physis* es la suya, la tuya, la mía; aunque más propiamente habría que enunciar esta última frase en orden inverso.

Claro que quien así piensa no es un ser humano común, sino un monstruo: «ogro» le ha llamado la mujer que acaba de abandonarlo.

> *¿Un ogro? Es decir ¿un monstruo de cuento de hadas, surgido de la noche de los tiempos? (...) Para empezar, ¿qué es un monstruo? La etimología nos reserva una sorpresa un tanto pavorosa; monstruo viene de mostrar (...) Para no ser un monstruo uno tiene que asemejarse a sus congéneres. Ser conforme a la especie o estar hecho a imagen de los padres.*

El monstruo lo es porque los «normales» sienten el impulso de mostrarlo, pero también porque él mismo tiene algo que mostrar: su propia existencia es una lección, pero el texto que muestran quienes lo exhiben no suele coincidir, salvo de forma muy superficial, con el mensaje profundo de la extrañeza, de lo intempestivo de esa presencia en el mundo. En este caso el monstruo se muestra plenamente, escribiendo un texto que casi lo lleva a una muerte prematura, aniquilado por quienes no son monstruosos. Asistamos al resto de su presentación:

> *Releo estas líneas. Me llamo Abel Tiffauges, tengo un garaje en la Porte-des-Ternes, y no estoy loco. Sin embargo, lo que acabo de escribir debe ser considerado con absoluta seriedad. ¿Entonces? Entonces, el futuro tendrá por función esencial demostrar —o más exactamente, ilustrar— la seriedad de las líneas precedentes (...) Tengo que anotar las circunstancias que me obligan a coger la pluma por primera vez para vaciar mi corazón y promulgar la verdad.*

XXXII

Abel Tiffauges, al inicio de sus *Escritos siniestros*, escribe y piensa como podría haberlo hecho Empédocles, pero es un contemporáneo nuestro: su creador lo pone en el mundo en 1970 aunque dentro de la novela lo hace en 1908 para que sea protagonista de nuestro pasado más inmediato y configurador. En tanto que contemporáneo arrastra la más pesada herencia que recibimos los occidentales: la del cristianismo romano. Así, su posición ante la existencia solo puede quedar bajo el signo de la escisión, de la anomalía; es un monstruo. Pero lo que muestra este monstruo que nos muestra su genial creador es de enorme importancia, pues es nada menos que la dolorosa percepción de ese abismo abierto en medio de la multiforme divinidad de la *physis* por la meteórica irrupción del Uno y Único: abismo que parece querer absorberlo todo.

Los monstruos se han —¿nos hemos?— perdido. El mundo se ha vuelto ilegible en tanto que desprovisto de interés; pues, ¿no es una nadería al lado de la vida eterna?

Quien quiera volver a orientarse en el mundo ulterior al cataclismo necesita poder leerlo de nuevo, descifrar los caracteres borrados primero a fuego, luego por el desinterés de quienes no los echan de menos o por la negación activa de quienes no desean su retorno. No me refiero, evidentemente, a leer a los viejos filósofos con los ojos de la nueva cultura, sino, como Empédocles, a arrojarse vivo al interior del cráter del Etna, una de las puertas, seguramente la principal, al reino de aquel que, aunque no disponga de altares construidos por los seres humanos, tiene más súbditos que ningún otro dios, en número, además, creciente sin descanso: Hades.

> *Todo es signo. Pero son necesarios una luz o un grito penetrantes para vencer nuestra miopía o nuestra sordera. Desde mis años de iniciación en el colegio San Cristóbal no he dejado de ver jeroglíficos trazados en mi camino ni de oír palabras confusas murmuradas a mi oído, sin entender nada, sin poder sacar de todo ello más que una duda adicional sobre la orientación de mi vida, pero también, es verdad, la prueba reiterada de que el cielo no está vacío.*

Estas frases proceden, como las citadas la noche precedente, de las primeras páginas —el pre-ámbulo, sin duda: lo que viene justo antes de que uno se ponga en marcha— de esos *Escritos siniestros*. No mucho más lejos reconoce «*la lectura de los signos*» como «*la gran tarea de [su] vida*». Para el ogro, el monstruo, ni el cielo está vacío ni la naturaleza es muda. Además, tiene fe en la epifanía: «*son necesarios una luz o un grito penetrantes para vencer nuestra miopía o nuestra sordera*». Él, lo sabremos más tarde, es enormemente miope, hasta el punto de necesitar gafas con cristales de un grosor extraordinario; pero lo sabe y está atento, a la espera, al acecho de los signos.

> *Los signos, el desciframiento de los signos... ¿De qué signos se trataba? ¿Qué revelaba su descifrado? Si pudiera contestar a esa pregunta toda mi vida cambiaría, y no solamente mi vida sino (...) el curso mismo de la historia.*

Ya que has querido, amablemente, acompañarme a lo largo de estas *Nocturnas* sabes que la última frase no contiene exageración alguna ni es meramente una forma de hablar. También lo sabe, y de manera definitiva, quien haya leído la obra maestra de Tournier.

Por otra parte, ¿no fue un signo lo que, como un meteorito semejante al que causó la extinción de los dinosaurios, cambió el curso de la historia? *In hoc signo vinces*. El crismón bajo el que, según se cuenta, Constantino llevó a su ejército a la victoria sobre Majencio —anagrama que, por lo visto, guardaba en el estandarte un cierto parecido al del ya único dios de los legionarios, el *Sol invictus*— era un *signo*; más bien, para nosotros, un símbolo, pero el matiz no hace al caso. El monoteísmo solar, religión de militares del imperio más poderoso de la antigüedad, se deslizaba, sobre los patines de la victoria, hacia una antropomorfización monolítica, soberana, incontestable; algo que, por otra parte, convenía a Constantino, que sólo mucho más tarde y por razones muy pedestres se convirtió, haciendo al cristianismo religión oficial a su servicio.

Cuando Abel Tiffauges escribe lo anterior ya se alza un nuevo *signo* sobre Europa y, por extensión, sobre el mundo: la *Hakenkreuz*, la svástica. No llegó a cambiar el mundo en medida idéntica a la cruz —más identificable que el crismón para los diferentes pueblos de Europa—, pero también trajo consigo un cataclismo del que seguramente aún no nos hemos recuperado. Y no fue el único, aunque sea el elegido, por razones obvias, por el escritor francés. Cualquier poeta de otra nacionalidad podría haber acudido a la hoz y el martillo, símbolos de laboriosidad, pero también de muerte; preguntad, sin ir más lejos —o tal vez yendo muy lejos, al comienzo de todo—, a Urano qué opinión tiene de la hoz.

«*Los signos son fuertes, Tiffauges*», le advertirá más tarde el Conde de Kaltenborn. Lo son tanto como para poder cambiar la vida individual y la historia. Pero también son imprescindibles para recuperar la escritura perdida. Ahora bien: ¿bastan para conseguirlo? Y, lo que es más importante: cuando se llega a estar atento a ellos, ¿es fácil descifrarlos? ¿O es más fácil aún creer equivocadamente que se ha conseguido y pasar de un error a otro?

Para responder a esas preguntas debo comenzar formulando otras: ¿necesitaron nuestros griegos de los signos para llegar a los dioses? Y si no fue así, ¿de dónde nos viene —a quienes nos viene— esa necesidad?

Una de las cosas buenas de vivir en un mundo viejo —y envejecido— es que cabe la posibilidad de encontrar algún maestro capaz de responder a preguntas semejantes. Conocemos a uno así y lo emplazamos para nuestra próxima conversación.

XXXIII

La experiencia religiosa griega (...) era sobre todo, y en su esencia, una experiencia visual (...) [con] dos puntos culminantes: uno consistiría en ver a los dioses cara a cara (...) El otro sería ver como los dioses (...) La religión griega se caracteriza por la adoración de las imágenes visibles de los dioses, sobre todo de la manifestación con forma humana (...) Si queremos definir la religión griega desde el punto de vista de la experiencia dominante en ella, podremos llamarla la religión de la contemplación. Mientras el mundo constituya para los griegos una unidad corpóreo-espiritual, el objeto natural de la contemplación griega serán formas, figuras. Formas ideales en que se concentran los ojos del espíritu y figuras plásticas en que se deleitan los ojos.

Una vez más nuestro guía en esta ardua materia es Kerényi, y a juzgar por la conclusión enunciada en estas líneas la respuesta a la primera de las preguntas que anoche dejamos en el aire es: no; los griegos no necesitaban signos por vivir en un mundo abierto a la epifanía divina. Nada tenían que descifrar; Tales de Mileto: «*todas las cosas están llenas de dioses*».

Nosotros —en ese «nosotros» creo poder incluir a Goethe, los románticos alemanes y algunos otros—, ogros como Abel Tiffauges, no hemos olvidado del todo aquel pasado esplendoroso. Pese a su obsesión por los signos el monstruo ideado por Tournier aún es capaz de sentir como sintieron aquellos griegos, y eso precisamente es lo que le hace monstruoso para la norma junto a la que, escondido, habita:

> ¡Magia del Apolo arcaico de la isla de Paros! (...) Me imagino en lo que se convertiría mi vida si este dios estuviera en mi casa, si fuera mío noche y día. A decir verdad no, soy incapaz de imaginar cómo soportaría la presencia incandescente de ese meteoro caído junto a mí tras una travesía de veinte siglos. Nada ilustra mejor que esta estatua la función esencial del arte: la obra de arte ofrece un poco de eternidad a nuestros corazones heridos por el tiempo —por la erosión del tiempo, por la muerte que está por todas partes en la obra, por la promesa ineluctable de la desaparición de todo cuanto amamos—. Es el remedio soberano, el refugio de paz que anhelamos, una gota de agua fresca en nuestros labios febriles.

Por un momento Abel ha experimentado lo que experimentaría uno de esos griegos a los que Kerényi nos acerca, aunque de inmediato manifiesta lo que, pese a su condición de a-normal, tiene de contemporáneo nuestro y de los normales: nostalgia, sed, fiebre, anhelo de eternidad. ¡Qué duda cabe de que también los griegos homéricos y los contemporáneos de Tales sintieron todo esto! Pero su respuesta fue la que conocemos y su actitud ante la vida y ante la muerte —no la actitud concreta de cada cual, sino la modélica: la de Aquiles, la de Empédocles, la de Sócrates— aún nos asombran porque ya no son las nuestras. No en vano Tiffauges ha nacido y crecido en una cultura milenaria, la cristiana, que permeó la romana cuando esta ya se había apartado en lo esencial de la influencia griega para aferrarse a su propio pasado, cambiando la transparencia por el signo.

Del politeísmo al monoteísmo no declarado de las legiones: *Sol invictus*, o de otro modo, Mitra, llegado precisamente de Asia Menor.

Del *sol invictus* al anagrama del vocablo *Christo*, el crismón.

El dios invisible —aquel a quien llamaron Cristo pisó la tierra, según nos han contado, solamente durante treinta y tres años, ¡y hace ya tanto tiempo de aquello!— fue proclamado como el único, sin que nadie pareciera darse cuenta de que en caso de existir un dios semejante y poseer los atributos que se le otorgan habría sido el responsable de la existencia en el alma humana de los otros dioses. Desde ese momento el mundo se volvió turbio, opaco, y hubo que buscar la luz en otro lugar.

Parafraseando a Nietzsche, *incipit tragoedia*.

XXXIV

En *De natura deorum* —*Sobre la naturaleza de los dioses*—
Cicerón reconoce como piedra angular de la *religio* romana
la *pietas*, el respeto a la tradición, a la creencia recibida de los
ancestros, acerca de lo sagrado y las normas y ritos que de ella
derivan. Es religioso —advierte Kerényi— quien hace su vida
desde la *pietas*. No es lo contemplado, o lo susceptible de serlo
al modo griego, lo que permite captar lo sagrado, sino lo recibido. No es la vista, o la visión, sino la audición —del relato, de
la tradición, del rito— lo que permite un acceso a los dioses. Es
también Cicerón quien acuña el concepto de «oídos religiosos», *aures religiosae*.

> *En esto se hace patente el natural complemento de la* pietas:
> *un mundo lleno de signos. Los signos no son idénticos a los
> símbolos. Los símbolos en el sentido antiguo son abreviaturas,
> síntesis de sucesos divinos o sagrados (...) Los signos admiten
> interpretaciones, a veces son equívocos y siempre están ligados
> al momento. Son, por así decirlo, voces del tiempo. La conti-
> nua consideración de un mundo de signos manifiestos que se
> despliega en el tiempo se llama* religio.

En la epifanía hay sorpresa, deslumbramiento momentáneo; por el contrario, el desciframiento de los signos requiere atención, oído atento, incluso cuando el signo es algo que se presenta ante los ojos. Como dice Abel Tiffauges en uno de los fragmentos ya citados: «*son necesarios una luz o un grito penetrantes para vencer nuestra miopía o nuestra sordera*».

Esta mención de la sordera no es casual. Más adelante la reiterará:

> *Para horadar el muro de nuestra ceguera y nuestra sordera es necesario que los signos nos golpeen una y otra vez. Para entender que en el mundo todo es símbolo y parábola sólo nos falta una capacidad infinita de atención.*

Para el hombre de la *pietas* —el romano y luego el cristiano— el mundo no está lleno de dioses, como aseveraba Tales, sino de signos, como sostiene Kerényi y ejemplifica el protagonista de *El Rey de los alisos*, Abel Tiffauges. Tiffauges es el nombre del castillo de un ogro de referencia para la cultura francesa, Gilles de Rais, el camarada de Juana de Arco convertido, a la muerte de la Doncella, en depredador de niños precisamente en dicho castillo. Aprovecho para señalar *en passant* que Tournier escribió un bello relato sobre este ambiguo personaje, titulado *Gilles et Jeanne*. Volviendo a lo que nos ocupa, el «desciframiento» de los textos, el apellido del protagonista será objeto de una explicación, o mejor, de una interpretación diferente en el marco de la novela por parte de un médico nazi entusiasta partidario de la eugenesia:

> *Está convencido de que Tiffauges no es sino una alteración de* Tiefauge, *y oculta, en consecuencia, un lejano origen teutón* (...) *Así que ahora solo me llama* Herr Tiefauge (...) *Tiefauge significa ojo profundo.*

La profundidad es lo contrario de la superficialidad, de la forma, de la figura. El griego es, siempre según Kerényi, el hombre del *aidós*, de la contemplación (de las formas); pero la profundidad, lo hemos visto, es para Heráclito el atributo esencial de *psykhé* —o de su *logos*; sobre el matiz discuten todavía los especialistas—. Al fin y al cabo, la psicología es un producto natural del pensamiento cristiano, como desde hace tiempo sostienen los historiadores de dicha disciplina.

El pensamiento cristiano, he dicho, y quizá sería más preciso sustituir algo tan abstracto por otro concepto más concreto, más próximo a la carne y a la sangre: el *homo religiosus*, que existía antes de que surgiera el cristianismo y que trataba de orientarse a través del laberinto de los signos:

> *La* religio *no se entiende nunca a partir de causas externas, sino a partir del ser humano que es capaz de adoptarla. Fueron sabiduría y conocimiento de la naturaleza humana los que se expresaron una vez ante la cabeza visible de una iglesia dogmática diciendo que lo principal es el* homo religiosus[1] *(...) Justo en esa* religio *reside su fundamentación interna* [se refiere a la del sacerdocio, al alcance de cualquiera], *que no es menos positiva porque todos —la mayoría— la posean.*

El *homo religiosus*, romano o cristiano, es aquel que está atento, con ojos y oídos, a signos que deben ser descifrados si se quiere tener acceso a lo sagrado —al misterio; a lo que nos supera; a lo que quizá pueda dar razón última de la existencia; al *destino*, sobre lo que habremos de volver no tardando demasiado—; por eso

> *... no prestar atención iría incluso en contra de la* religio. *Cicerón subraya en su obra acerca de la adivinación —que complementa a* De natura deorum— *que los antiguos romanos se servían de toda suerte de oráculos para «no descuidar ningún*

---

[1] Thomas Mann al papa Pío XII, seguramente en carta. No conocía ese dato. Claro que Kerényi y él mantuvieron una estrecha, fecunda y para mí envidiable relación.

signo». *Descuidar,* negligere, *es precisamente lo contrario de* religere *y* religio.

En sus *Escritos siniestros* Abel llama a la lectura de los signos «*la gran tarea de [su] vida*». Es, pues, un *homo religiosus*; y porque lo es de manera cabal, es decir, consciente y problemática, es un monstruo.

XXXV

¿Son todos los que se dicen creyentes hoy en día *homines religiosi*? Me atrevo a responder negativamente y creo que esa respuesta no es ni original ni infrecuente, aunque no todos los que estarían de acuerdo conmigo se encontrarían en el nivel al que me ha llevado el estudio de los maestros, pensadores o poetas, tanto da, como estas páginas tratan de mostrar. Si la religiosidad ha de medirse según el promedio, el *homo religiosus* de Kerényi estaría muy lejos del punto de inflexión de la tan conocida Campana de Gauss, quedando entonces para él un ínfimo espacio debajo de esa zona de la curva: el espacio de los raros, los monstruos, los ogros. Un espacio que, en el lenguaje religioso, correspondería según la mayoría a la hipertrofia y según quienes pertenecen a él a la hipersensibilidad y que llevaría el nombre de superstición. Efectivamente, el ser humano que ve signos por todas partes es supersticioso.

> *Cicerón (...) no considera religioso, sino supersticioso,* supersticiosus, *«exaltado», al tipo de hombre que cree a pies juntillas en toda clase de oráculos y adapta su vida en función de ellos como si se tratara de señales de la providencia.*

A este tipo humano pertenece Abel Tiffauges:

> *Grupos, combinaciones, conjuntos, composiciones, fragmenta-*
> *ciones, todo eran signos como en todas partes, o más que en*
> *otras partes. Pero ¿signos de qué? Es mi eterna pregunta en*
> *este mundo sembrado de jeroglíficos cuyas claves no poseo.*

En buena lógica deberíamos encuadrarlo en la categoría de supersticioso. Pero *superstitio*, afirma Kerényi, viene a ser la traducción romana del vocablo griego *ékstasis*, y el modo en que Cicerón interpreta el término por él empleado, *superstitiosus*,

> *... responde a la condena romana de todo lo extático y, en ge-*
> *neral, de toda exageración en el ámbito religioso. Como exa-*
> *geración de la* religio, *superstitio significa estar indefenso a*
> *merced de los signos, que la persona cree siempre y por doquier*
> *referidos a sí misma.*

Tiffauges no parece estar indefenso, sino voluntariamente entregado al desciframiento de todo aquello —mucho, para nuestra capacidad de asombro— que para él es susceptible de ser contemplado como mensaje a él destinado, que íntimamente le concierne. Y en las páginas del sabio húngaro encontramos —aparente paradoja— que su definición de la «*religio* positiva y auténtica» se parece mucho más a la de nuestro Abel, supuestamente supersticioso, que a la de cuantos le rodean:

> *La* religio *positiva y auténtica (...) [consiste en] estar absolu-*
> *tamente abierto al acontecer divino del mundo, un escuchar*
> *sutil y atento de sus signos y una vida encaminada y organi-*
> *zada en consecuencia.*

La pregunta que me surge al llegar a este punto, suscitada por lo dicho al comienzo de esta *nocturna* es: si los rasgos del *homo religiosus* se han difuminado hasta hacerse prácticamente indiscernibles, cuando no caricaturescos, lo que hoy parecería superstición, ¿no sería el mero resultado de la rebeldía, o más bien de la reacción defensiva, del conato de reconquista de un hogar perdido, de un intempestivo *homo religiosus*? No olvidemos, además, que el propio Tournier reconoció haberse inspirado en un personaje tan improbable como el protagonista de *El tambor de hojalata* —el niño que se hace adulto sin crecer, cuyo grito puede quebrar cristales y rajar campanas de bronce— para, al modo de los cuentos populares, mostrar una realidad que no nos sacudiría en caso de ser exhibida de forma *realista*.

Claro que, en una época en la que se aboga por las versiones edulcoradas de los cuentos populares, donde el lobo acaba siendo amigo de Caperucita y de Piel de asno no se habla, porque eso de que su padre la desee sexualmente...

XXXVI

Por fortuna para nosotros *El Rey de los alisos* es un cuento de ogros «de los de antes». Aunque encuadrado en un marco histórico perfectamente reconocible —la Europa de la Segunda Guerra Mundial—, la no disimulada voluntad de su autor fue, sin duda, que pudiera empezar a narrarse con la fórmula «érase una vez»; incluso «en los tiempos de Mari Castaña», locución esta con la que propondría traducir el *jadis* de Pascal Quignard al que, por cierto, tendré que regresar no tardando mucho. La imagen de Abel Tiffauges recorriendo Masuria sobre su ingente caballo *Barbe Bleue* —Barba Azul, como el ogro de Perrault— acompañado por una traílla de feroces perros a la caza de niños para la *Napola* de Kaltenborn —bien recreada en la versión cinematográfica de Volker Schlöndorff— no admite lecturas edulcoradas. Este cuento de ogros va en serio, como no podía ser menos habiéndose elegido el nazismo como ambiente privilegiado. Por eso sirve para aprender, no para vivir en una confortable mentira, adormecidos en la cunita de lo que ha dado en llamarse «buenismo».

A falta de otra vía, que tal vez exista, hemos elegido la que consiste en recuperar lo valioso perdido. A través de un ogro —¿cómo, si no?— reencontramos la actitud religiosa propia de la juventud de nuestro mundo: la romana primero, tan accesible a través del aún parcialmente vigente cristianismo, y luego la griega; y dentro de ella, su estrato más remoto, fecundado por Egipto y Asia Menor, pero con su personalidad propia. Nos reencontramos con ese mundo al que, de otra manera, nos había conducido Calasso con su *Cazador celeste*. Procede ahora formular otra pregunta: ya que conocemos la causa de esa hambre de signos que atenaza al devorador ogro del siglo veinte —la opacidad del mundo—, ¿podemos conocer su motivo más profundo?

Desde luego; y no se trata de algo desconocido. En cierto sentido se trata de una de las preguntas fundamentales que enunció Kant: «¿qué puedo esperar?». Aunque con una diferencia: en la actitud de Abel Tiffauges la espera, y también la esperanza, son más inquisitivas que contemplativas: no basta con que ocurran las cosas, pues podrían pasar inadvertidas; hay que saber leer sus signos, interpretar como signo lo que para otros no sería sino mera anécdota. Abel no se resigna a tener un destino, como la mayoría —como la mayoría de los pocos que llegan a pensar en términos de destino, quiero decir—, sino que vive en expectativa de él. Esa es su forma de ser *homo religiosus*. Podría decir, como yo mismo en algún texto que ahora no recuerdo, parafraseando el *Credo* católico: *et non exspecto resurrectionem mortuorum nec vitam aeternam*. El destino nos aguarda aquí, en este mundo, probablemente al final de la jornada; pero podemos vivir en su misteriosa compañía en cada etapa.

Recordemos lo que confiesa al comienzo de sus *Escritos siniestros*:

> *¿De qué signos se trataba? ¿Qué revelaba su desciframiento? Si pudiera contestar a esta pregunta toda mi vida cambiaría.*

La historia de este ogro sediento de ternura, como una vez se describe a sí mismo, no es sino el cumplimiento *no dirigido* de ese programa. En su navegación no hay un piloto, o si lo hay es el destino, cosa que siempre está dispuesto a reconocer, participando, eso sí, en lo que su destino le ofrece. Cuando, por ejemplo, sus compañeros se rebelan inútilmente contra su condición de prisioneros de guerra, solo él —y un camarada apodado, no por casualidad, «el Loco»— piensan que lo sucedido es más bien una oportunidad. Abel, que ha afirmado en sus *Siniestros* no estar loco, llegará en todo caso más lejos que su compañero de cautiverio:

> *Mi vida está llena de coincidencias inexplicables que he decidido considerar como otras tantas llamadas al orden. No pasa nada, es el destino que vela para que yo no olvide su presencia, invisible pero inexorable.*

«*Avanzo a tientas* —reconoce—, *y lo único que me consuela es la certeza de que un hilo invisible guía mis pasos hacia un desenlace misterioso*». A sus ojos todo lo que le sucede tiene un porqué, y en la avidez por entenderlo radica su afán por la búsqueda e interpretación de los signos. Esta es, a no dudarlo, una actitud religiosa, pero que no se ajusta a ninguna religión dogmática, pues en todas ellas el destino está establecido. «El señor me lo dio, el Señor me lo quitó» no es una frase hecha para él. De existir alguna sería más bien: «el destino me conduce, tengo que serle fiel, pero no puedo evitar preguntarme cuál es su designio para mí».

No hay aquí, aunque lo parezca, pasividad alguna, como no la hay en la manera de adaptarse a los golpes de timón del destino de que hace gala el personaje creado por Tournier, y como tampoco la hay en la difícil y aparentemente paradójica fórmula nietzscheana —también este otro solitario está entre telones en la novela—: *amor fati*, a la que corresponde esta declaración: «¿Esto era la vida? ¡Bien! ¡Otra vez!».

XXXVII

Anoche, al citar a Nietzsche, nos encontramos, aunque declinada en genitivo, con una palabra que debe conducirnos durante un nuevo tramo del camino: *fatum*. Solemos traducirla como «destino», y en este contexto se nos apareció ayer. En español se usa a menudo, como forma poética, lo que no es sino un deslizamiento fonético desde su origen latino: hado. El significado sigue siendo el mismo, pero la cercanía al origen no consigue salvar la esencia del étimo.

> *Para el romano religioso existe, por así decirlo, un texto original de todo acontecer. Un texto, en la medida en que puede expresarse si los dioses y sobre todo Júpiter quieren. Y de hecho ya ha sido pronunciado, de ahí que se llame* fatum, *lo «pronunciado» (...) Esto ya pronunciado está oculto al hombre y solo se realiza de forma paulatina. Sin embargo, también se expresa de otra manera: en signos (...) Las dos premisas de la* religio *[son] que en el acontecer del mundo se haga realidad algo divino y que este algo divino pueda ser percibido por quien escucha atentamente.*

Abel Tiffauges sabe que su destino está escrito y lo reconoce como inexorable. También sabe que, por mucho que se esfuerce, no llegará a conocerlo en detalle, aunque lo atisbe a través de algunos de los signos que encuentra en su camino: la estatua de piedra del comendador en *Don Giovanni* y el cadáver momificado en la turbera de Walkenau, bautizado como «Rey de los Alisos», en compañía del misterioso rostro infantil. Porque está atento a los signos es capaz de intuir el significado de estos dos, y porque está decidido a vivir su vida de manera inquisitiva, religiosa —en el sentido que le da Kerényi— ni estos ni otros se le pasan por alto. Ya que su vida no aspira a un prometido más allá no está dispuesto a recorrerla en medio de una ceguera voluntaria que supuestamente sólo se disipará cuando haya muerto. Acudiendo a otro Don Juan, el español, la actitud de nuestro ogro frente a las promesas de la Iglesia en la que ha nacido se resumiría en el bien conocido «largo me lo fiáis».

Avancemos un paso más; o dos:

Debe de haber un signo absoluto alfa-omega. Mas, ¿dónde encontrarlo?

De esta críptica manera enuncia la que será la tarea de Abel el fantástico mistagogo, Nestor, que comienza su iniciación en el colegio *Saint Christophe*. Críptica para el neófito de once años, no para nosotros que sabemos que la distancia entre alfa y omega es la que existe entre el comienzo y el final. «Debe de haber un signo absoluto que dé sentido a toda la existencia» es lo que pretende decir el silénico conductor del pequeño Abel. La religión cristiana —no solo ella, desde luego; en la Roma pagana menudeaban los creyentes en la religión órfico-báquica, que prometía una vida después de la muerte semejante a la cristiana y propiciadora de su ulterior triunfo— cifra el sentido en el «trasmundo» —*Hinterwelt* (Nietzsche)—. «Mi reino no es de este mundo», la frase que se atribuye a Cristo, ya fue contestada por Albert Camus: «*mon royaume tout entier est de ce monde*». Para quienes así pensamos el sentido ha de encontrarse aquí y ahora, lo que no significa en el aislamiento de la propia ciudadela carnal. La carne, la vida biológica —*zoé*— es imprescindible, y el ogro lo sabe:

Los signos necesitan de la carne para manifestarse.

Pero no se trata, al menos no solo, de la carne propia, de la propia vida, que no es solamente *zoé* sino también *bios*, vida vivida, que en tanto que tal es proclive a arrojarnos a la mazmorra del yo, ese que se cree tan autónomo sin reconocer la incómoda verdad enunciada por Freud: que no es el señor de su propia casa. La actitud abierta del *homo religiosus* a la manera de Tiffauges no se resigna a entender de modo tan simple el mandato del oráculo délfico, *gnoti sauton, nosce te ipsum*: conócete a ti mismo. ¿Un mandato que remite a la introspección? ¡Eso revela que no hemos entendido nada! Con esa lectura tan literal de los oráculos píticos los atenienses, para defenderse de los persas, habrían levantado un enorme muro de madera en torno al Ática en lugar de construir la flota que venció en Salamina.

Hay que encontrar el auténtico «*centro di gravità permanente*» —no sé si en el sentido que la frase tenía para Franco Battiato— y la paradoja, o más exactamente, la falsamente paradójica realidad es que ese centro está fuera.

En aquella primera etapa de su aprendizaje, la que discurre bajo la tutela de Nestor, un día este le muestra un pequeño giróscopo, uno de los ingenios ideados por Leon Foucault para demostrar el movimiento de la tierra. Colocado sobre un soporte y puesto en marcha «se mueve»; pero como Nestor explica al su neófito,

> ... *¿Sabes, Abel mío? Ese movimiento que sigues con los ojos... ¡no existe!¡ Sois tú, Saint Christophe, Francia entera los que bailáis! El giróscopo tiene el don de escapar al movimiento terrestre, y por eso parece que gira. En realidad somos nosotros los que giramos en torno a él. Toma, apriétalo en la mano (...)*
> *—¡Parece un sapo!*
> *—El sapo eres tú, pequeño Fauges (...) Te aferras a un punto fijo, pero la Tierra quiere girar, y tú no se lo vas a impedir. Lo que sientes en la mano es la inmovilidad del giróscopo contrariada por la rotación de la Tierra que te arrastra. Devuél-*

vemelo. Es mi punto de apoyo cuando las cosas se ponen muy mal. Es mi absoluto de bolsillo...

Un absoluto de bolsillo. Un signo. Una carta de presentación de *physis*.

El sapo eres tú.

XXXVIII

El cristianismo hizo del imperativo *memento mori* el gran referente moral para la humanidad a él sometida o confiada, según los casos. «Recuerda que morirás» es la sentencia que ancla definitivamente la psique del individuo en el yo. Mi admirado y querido Ernesto Sábato me dijo un día: «si en mi lecho de muerte se me acerca alguien y me dice: 'Ernesto, ¡acaban de descubrir un nuevo planeta en el sistema solar!', seguro que lo estrangulo con mis últimas fuerzas».

Está claro que querer y respetar a alguien no implica coincidir con él en todo; ni siquiera en algo esencial. (Por fortuna en la vida de los seres humanos no hay una sola cosa esencial).

Claro que todos somos unos sapos egocéntricos —en muy diferente grado, sin duda— pero algunos, como nuestro ogro, llegan a descubrir su condición de sapos: crees que estás quieto, pobre Abel, y que un aparato de física pugna por desplazarse de la prisión de tu mano, pero es él quien está quieto mientras a ti te arrastra la tierra; tu madre, por cierto, sin la que no serías.

Supongo que no es necesario decirlo, pero lo digo: este descubrimiento —pues lo es, cuando sucede, en la vida de cada cual— solo puede restar valor a la existencia de los egoístas patológicos. Para los demás es una epifanía, así como una fuente de energía diferente para luchar por ese «reino que es por completo de este mundo».

Michel Tournier acertó con la imagen arquetípica del *homo religiosus* buscador de signos en el contexto cristiano: ese ogro medieval, parido por la imaginación de Jacopo da Varazze —que entre nosotros ostenta el pomposo nombre de Santiago de la Vorágine— llamado Cristóbal, o Cristóforo, «Portacristo». Todos los que hemos recibido una educación cristiana y católica hemos aprendido que hay que llevar a Cristo en el interior, pero es mucho más exacto decir que hay que portarlo sobre las espaldas. Y si reflexionamos sobre esa imagen en la perspectiva histórica que estamos manejando nos aguarda una sorpresa.

Abel Tiffauges se pasa la vida dando vueltas al símbolo del gigante cristofórico y a los signos que va sembrando a su paso: el colegio internado Saint Christophe, presidido por la leyenda del santo, amplificada por la del conquistador portugués Alfonso de Albuquerque; su trabajo como mecánico de automóviles, vehículos «fóricos» por excelencia, como él mismo advierte; su papel de *pater nutritor* de los niños-fieras de la *Napola* de Kaltenborn; las diferentes ocasiones —lúdicas algunas, trágicas la mayoría— en que debe portar a un niño; y de estas, la última, cuando, privado de sus gafas, lo que le deja prácticamente ciego, tiene que ser guiado por el pequeño judío superviviente de Auschwitz al que intenta salvar de la aniquilación llevándolo sobre sus hombros:

> —*Efraim (..) He perdido mis gafas. Ya no veo casi nada. ¡Guíame!*
> —*¡No es nada, caballo de Israel, te cogeré de las orejas y te guiaré!*
> *(...)*
> *Desde ese momento avanzó con los brazos extendidos, como un ciego.*

He anunciado una sorpresa que surge, precisamente de esa lectura en paralelo de la novela y la obra de Karl Kerényi que tanto nos está iluminando. Hela aquí: en ese mismo texto sobre el *homo religiosus* romano encontramos esta maravillosa... ¿coincidencia?:

> *La imagen de Eneas, en quien Virgilio creara la figura ideal de un hombre de la* pietas, *corresponde exactamente a esta impresión. Llevó al padre sobre los hombros como si fuera su propio hijito y así le salvó la vida (...) La proximidad invisible de sus dioses envuelve a Eneas en una atmósfera densa en la que se mueve como un ciego. Necesita ser guiado, y de hecho es guiado. Necesita signos.*

¿Será el auténtico *homo religiosus* el único capaz de volver a la *eulabeia* griega? Según el designio de Tournier su ogro, en medio de la mayor oscuridad, percibe un último signo luminoso y sabe «*que todo estaba bien así*».

Camus: *Hay que imaginar a Sísifo feliz.*

Nietzsche: *¿Esto era la vida? ¡Bien! ¡Otra vez!*

Edipo (por boca de Sófocles): *Mi avanzada edad y la nobleza de mi alma me hacen considerar* que todo está bien así.

XXXIX

Encuentro en Quignard —una vez más— un texto que me remite secretamente, y seguramente sin quererlo el propio Quignard, al *Rey de los alisos* de Tournier:

> *Los indicios definen toda la suerte de rastros sensibles que pueden encontrarse;*
> *huellas de pasos en la nieve.*

Tournier:
> *Tenía la certeza de que un cambio tan notorio de la tierra prusiana tenía que anunciar una nueva etapa y revelaciones decisivas. Y en cuanto dio los primeros pasos, hundiéndose profundamente en la nieve, encontró la confirmación de esta idea (...) en las huellas de pájaros, roedores y pequeños carniceros que entrecruzaban su delicada estenografía en la gran página blanca que se desplegaba a sus pies.*

Quignard:
> *Excrementos del jabalí solitario;*
> *los del ciervo que huye y que va hacia el manantial en el centro del saltus.*

Tournier:

> *Había un terreno nada despreciable en el que el* Reich-
> marschall *manifestaba una ciencia y un talento incompara-*
> *bles, y era la lectura de la* muestra de las piezas. *Tratándose*
> *de descifrar todos los mensajes inscritos en las heces de los ani-*
> *males, el montero mayor daba pruebas de una penetración y*
> *una experiencia* [extraordinarias].

A la cita precedente le siguen un par de páginas coprológicas cuyo interés, aunque elevado, no justifica su inclusión en esta reflexión, del mismo modo que a los ejemplos mencionados por Quignard se añaden otros que, de nuevo, nos obligarían a un desvío sin duda fructífero pero seguramente injustificado. Lo importante para mí —para ti y para mí, espero— es establecer la relación, si existe, entre lo que Abel Tiffauges llama signo y los «indicios» de Quignard. El ogro no da definiciones, ni siquiera atributos con valor de definición; el pensador sí:

> *El indicio no representa. Presenta.*
> *El indicio, el rastro, el síntoma, están en continuidad con la*
> *causa que se adhiere a ellos de manera todavía sensible.*

Según esto el indicio es el anuncio de una epifanía, tal vez incluso la única epifanía que hoy nos es accesible. «*Cercano está el dios, pero difícil de percibir*», escribió el profeta Hölderlin. En el asunto que nos ocupa, el de la entidad de lo divino, el indicio ya es el dios, pues está, como dice Quignard, en continuidad con la causa que a él se adhiere de manera todavía sensible. Hace falta, sin duda —perdón por mi insistencia— una sensibilidad de ogro, un relámpago o un grito estridente, para quebrar nuestra miopía o nuestra sordera.

Esto nos conduce de nuevo al «pensamiento del corazón» hillmaniano; al abandono del gratificante pedestal antropocéntrico, aunque para reencontrarnos de un modo nuevo con lo que constituye nuestra singularidad como especie y la de cada uno como individuo. *A los indicios* —continua Quignard—

... se oponen los símbolos, para los que todo contacto está roto. En ellos la semejanza carnal se ha roto. Se necesita que los dos pedazos desunidos que componen el símbolo se reúnan (...) Por ejemplo, las palabras del lenguaje, las líneas de los tatuajes, las letras del alfabeto; las cifras; los signos sociales. Esta manera de leer ya no ve de forma continua.
No todo es simbólico, no todo es lingüístico, no todo es abstracción, desideración, iconoclasmo, filosofía. El pensar continúa. El pensar se lanza para volver a encontrar lo continuo, lo indiciario, el chaos, *la* pulsio, *la virulencia, la vida, el antaño sin fin.*

Un pensar que, necesitando el cerebro, no se satisface solo con ese modo suyo de operar que denominamos, de manera poco satisfactoria, intelectual, y por eso, también echando mano de una muleta inevitable que nos ayuda a entendernos, aceptamos nombrar «pensamiento del corazón», que no descarta el caos, la tiniebla, la pulsión, la virulencia, la vida en fin de cuentas, el *jadis* —el antaño, el tiempo de Mari Castaña—, sin fin: el «érase una vez» que de algún modo es más nuestro que nuestra fecha de nacimiento; fecha desde la que quedamos inscritos, seguramente sin nombre ni rasgos reconocibles, en el érase una vez de todos y cada uno de los que vengan después: de ahí nuestra responsabilidad con todo lo humano —y lo no humano—, que ya nunca podrá sernos ajeno.

XL

¿Por qué se interesa Quignard por eso que denomina indicios? Porque

... la meditación infantil *(es decir, previa a todas las palabras de la lengua) comienza por los indicios.*

Y esa meditación, seguida de un calificativo que, con toda intención, resalta mediante otro tipo de letra, es esencial para su pesquisa en pos de ese *Dernier royaume*, objetivo de su extenso —y denso— proyecto filosófico y artístico:

Último *reino en el que reina todavía la claridad inaugural —la* primera *claridad que siguió directamente a la sombra en el grito que la descubre.*

Se refiere al momento del nacimiento, punto nodal para él en cuanto separa dos modos de vida: la intrauterina, apenas consciente, y la que se desarrollará en el mundo exterior al útero materno. No le seguiré —al menos no ahora— por este camino que no es el nuestro. Me ceñiré a esa conversación que seguramente solo se produce en mi pensamiento entre Tournier y él. Para ello volveremos a la primera cita. Quignard evita, para no hacernos incurrir en equívoco, la palabra «pensamiento», sustituyéndola por «meditación». Siendo aún más radicales podríamos proponer a cambio «cognición», mas lo que importa no es tanto el sustantivo como el ya señalado calificativo: infantil. ¿Por qué subrayarlo? ¿Para qué esa *señal* de advertencia, ese signo tipográfico ofrecido a los ogros de la especie tiffaugeana? Él mismo da la respuesta:

El tiempo es lo originario que afluye. El tiempo es un niño que juega. No es un adulto que contempla. No es un niño puer *que aprende. Es un niño* infans *enteramente absorbido por su danza y su alegría.*

También en Tournier existe, aunque sin etiquetar, esa distinción entre dos modos de ser niño. No tan radical, desde luego. Abel Tiffauges sitúa la grieta definitiva, irremisible, cuando se produce la aparición de un hada perniciosa, el «hada pubertad».

El niño de doce años ha alcanzado un punto de desarrollo y equilibrio insuperables, que hacen de él la obra maestra de la creación. Es feliz, se siente seguro de sí, confía en el universo que le rodea y este le parece perfectamente ordenado.

Si prescindimos de los detalles y nos fijamos en el sentimiento —es decir: con el pensamiento del corazón— percibiremos sin dificultad el parentesco entre ambas tesis; parentesco que se vincula al modo de acercarse a la realidad con afán de conocerla, de apropiársela, a través de los signos o de los indicios. En el caso de Abel, prácticamente desde el comienzo está presente un signo de un peso constante, a la vez impulsor y demoledor: el del *Portenfant*, el Portador del niño: san Cristóbal, el papel del propio Tiffauges como *pater nutritor* de los niños-fieras de la *Napola* de Kaltenborn y por fin la realización de la figura de Cristóbal en el porteo —la *foria*— del niño Ephraim a través de la mortífera marisma. Pero la historia de Abel Tiffauges es también un signo, o un indicio, como queramos llamarlo. El mensaje cifrado reza:

> *Puesto que aquí estáis todos bajo el signo de Cristóbal, tenéis que saber, de ahora en adelante y durante toda vuestra vida, cómo atravesar el mal envueltos en un manto de inocencia. Ya os llaméis Pierre, Paul o Jacques, recordad siempre que también os llamáis* Portenfant: *Pierre Portenfant. Paul Portenfant, Jacques Portenfant. Y entonces, lastrados por esa sagrada carga, atravesaréis ríos y tempestades, así como las llamas del pecado.*

Poco importa que sea un cura quien emite el mensaje: no olvidemos que, producido desde la creencia religiosa y proyectado sobre su esfera de valores nada cismundana, es restituido a la carnalidad, a la naturaleza, cuando el papel en el que ha sido escrito es utilizado por Nestor para rematar su sacramento fecal. No hay que olvidar que Nestor elige con minucioso cuidado su papel higiénico, y que no lo hace a causa de su textura, sino de lo que hay escrito en él.

No hay que desprenderse del niño que nos salva; del niño que da sentido, adecuación, *dike*. ¿Adónde hemos regresado mediante el sortilegio de esta palabra? A la patria perdida, podría ser la respuesta. A ese momento de nuestra historia espiritual, la de occidente, donde aún no se había esfumado el componente *infans* de nuestra meditación sobre todo lo que no somos nosotros. Quignard nos lo ha indicado al decir «*el tiempo es un niño que juega*»; pero, por si no hemos descubierto dónde quiere llegar, nos lo explica:

> *Un extraordinario fragmento de Heráclito dice: el tiempo es un niño que juega. Juega a los peones. Del niño, el reino.*

¡Volvemos a encontrarnos con Heráclito! Y si hacemos un sencillo ejercicio de memoria descubrimos que no somos los primeros. Recordad: Nietzsche, *Así habló Zarathustra:*

Inocencia es el niño, y olvido, un nuevo comienzo, un juego, una rueda que se mueve por sí misma, un primer movimiento, un santo decir sí. Sí, hermanos míos, para el juego del crear se precisa un santo decir sí: el espíritu quiere ahora su voluntad, el retirado del mundo conquista ahora su mundo. Tres transformaciones del espíritu os he mencionado: cómo el espíritu se convirtió en camello, y el camello en león, y el león, por fin, en niño.

XLI

En Roma la infantia *se opone a la* pueritia *del mismo modo que la comunicación no verbal hace frente al lenguaje adquirido (...) El arte no pertenece nunca al lenguaje adquirido (...) Nunca es pueril. Siempre es infantil.*

¿Puede sorprendernos que Nietzsche, etiquetado, no sin razón, como filósofo, diera preeminencia al arte sobre el pensamiento sometido a reglas estructurantes, a certificados de autenticidad filosófica, quizá de «limpieza de sangre», como esos tan tristemente célebres en nuestra historia? ¿Y que considerara el fastigio de la madurez devenir niño, niño juguetón, *infans, paidos,* gemelarmente hermanado con el tiempo, el devenir? El tiempo es un niño que juega, dice Heráclito; y que danza, asegura Quignard. También Zaratustra afirma que hay que aprender a danzar, a pensar danzando, y un filósofo más reciente, Eugen Fink, sin duda en su estela, tituló uno de sus libros *Spiel als Weltsymbol, El juego como símbolo del mundo.* Zaratustra proclama que el filósofo tiene que hacerse niño, y como él jugar y danzar; es decir, hacerse uno con el tiempo, ese tiempo que lo crea y lo destruye como individuo; asumir la duración, y con ella la caducidad, y vivirlas con alegría infantil.

> *Planteo que la naturaleza, más acá de los tres «reinos» pro-*
> *pios de su propio «reino», es el espectáculo terrestre luminoso,*
> *soleado, atmosférico, natal, último del hombre.*

(Quignard, al final —para mí— de ese camino que arranca de Heráclito, pasa por Hölderlin y algunos *Naturphilosophen* como Schubert —a quienes no hay que olvidar aunque no se los haya mencionado ahora— y desemboca en Nietzsche, que solo por la sordera de nuestra cultura llegó a convertirse en el parteaguas del pensamiento occidental).

En una cosa discrepo del artista/filósofo francés; una que me resulta más incomprensible después de leer unas líneas como las precedentes; una idea que sostiene en la misma obra, muchas páginas más lejos:

> *En los maravillosos relatos de los cristianos llamados «evan-*
> *gelios», ¿de qué naturaleza debe ser el reino si es preciso ser*
> *como un niño para poder entrar en él?*
> *El pequeño no puede volver a entrar sino allá de donde ha*
> *salido.*
> *En todo preguntarse es cuestión de la propia madre.*

«Si no os hacéis como niños no entraréis en el reino de los cielos». Pero, ¿es que vamos a recaer —*retomber* en francés—, que no a *rentrer*, como escribe Quignard, en el viejo trasmundo denostado por Nietzsche? El reino anhelado, al que no querríamos volver la espalda, ¿seguiría siendo el de «los cielos»? Y ese reino, ¿es el útero materno?

Creo que mi admirado *penseur* es aquí un poquito tramposo: se hace trampas a sí mismo. Porque, ¿a qué viene esa manipulación del texto evangélico cambiando «entrar» por «volver a entrar», *entrer* por *rentrer*?

Sospecho que se trata de lo que Freud denominó *Fehlleistung* y que traducimos por «acto fallido»; y lo más gracioso es que la culpa la tiene la fidelidad del francés a la doctrina del padre del psicoanálisis, con su inamovible referencia de todo cuanto acontece en la vida psíquica del individuo a las etapas más incipientes de su desarrollo. La frase —¡tan francesa!— tópica de las novelas policíacas de antaño, *cherchez la femme*, ha desembocado en la indicación etiológica que invita a *chercher la mère*.

De todos modos, puedo suscribir mucho, casi todo lo que Quignard sostiene acerca de la relación entre el *infans*, el neonato y el nonato *in utero* y su madre; pero eso, aun teniendo que ver totalmente con el mundo de cada uno, no tiene nada que ver con el, para mí, definitivo *dernier royaume*: la «madre» de la que proceden todas las madres. Aquellos de mis griegos que aún no sabían llamarla *physis* y contemplarla extasiados sin reclamarle un rostro humano —demasiado humano— la llamaron Gea, *Gaia*.

XLII

Esta es mi propuesta: el reino en el que solo el niño, o quien deviene niño, puede entrar no implica una *rentrée*, sino precisamente lo contrario: una salida. Entrar con ojos de niño en el reino de la *physis* se consigue dejando atrás la mirada del adulto, o mejor, dotando a esa mirada ya irrenunciable de una capacidad infantil. Solo en relación con esta maniobra podría hablarse, y no con extrema precisión, de marcha atrás, pues es más bien el resultado de una progresión que conduce a una reconquista. *La perdue* de Quignard —la madre—, esa cuya búsqueda equivale a la del oscuramente anhelado *Dernier royaume*, es para mí esa *physis* reencontrada en la mirada infantil, que, en efecto, es sobre todo una mirada de hijo, nunca de señor o de rey de la creación; tampoco medida de todas las cosas (Protágoras) salvo para uno mismo y de manera más que provisional, táctica, ajustada a nuestra existencia empírica.

La entrada en ese reino, el auténtico último reino es, pues, una salida, *ek-stasis*. El *infans* es el portador del éxtasis, el poseedor de la mirada extasiada; por eso la *ek-stasis* es tan difícilmente alcanzable por el adulto y tan comúnmente sospechosa de enfermedad mental. El mundo, y dentro de él los seres humanos, es el reino —de los cielos, el último reino, el pleroma; llámese como

189

se prefiera—, la tierra prometida. La declaración de Albert Camus —*mon royaume tout entier est de ce monde*— implica una radical solidaridad con lo humano que, por mucho que se esfuerce, la *charitas* cristiana no puede igualar. El aspirante a conquistador de este reino nunca marcha solo, aun cuando nadie lo acompañe.

Vuelvo a Nietzsche. El niño está al final del camino; de uno que, como todo camino, hay que recorrer entero para alcanzar el final. En la cuarta parte del *Zaratustra* el protagonista homónimo se encuentra en su cueva rodeado por los «hombres superiores»; no solo por ellos, ciertamente, pero pasemos por alto la presencia del «más feo de los hombres» y del asno. Cualquiera podría pensar que la aventura espiritual ha llegado a su conclusión, pero no es así, pues aún faltan unos pocos pasos: los pasos de la *ek-stasis*, de la salida tras de la cual el niño se funde por unos instantes con el mundo recién descubierto.

> *¡Cómo se estremece el corazón de cada uno de vosotros de alegría y de malignidad porque por fin os habéis hecho como los niños pequeños! (...) Pero desocupad este cuarto de niños, mi propia caverna (...) ¡Salid a refrescar vuestra cálida impetuosidad de niños y los latidos de vuestro corazón!*
>
> *Es verdad que si no volvéis a ser como niños no podréis entrar en ese reino de los cielos. (Y Zaratustra señaló al cielo con el índice).*
>
> *Pero nosotros no estamos decididos a entrar en el reino de los cielos: nosotros hemos llegado a ser hombres; por eso queremos el reino de la tierra.*
>
> *Y mientras Zaratustra hablaba todos habían ido saliendo, uno tras otro, al aire de la noche fresca y pensativa.*

Entonces la noche comienza a cantar su mensaje. Para escucharlo es preciso un silencio aún mayor, que Zaratustra reclama a sus acompañantes:

> *¡Silencio! ¡Silencio! Ahora se oyen muchas cosas que nadie se atreve a decir de día; pero ahora que el aire es puro, que el*

ruido de vuestros corazones se ha callado también, ahora las cosas hablan y se entienden, ahora resbalan en las almas nocturnas cuyas vigilias se prolongan (...) ¿No oyes cómo te habla a ti, secretamente, con espanto y cordialidad, la vieja hora de medianoche, profunda, profunda?

La vieja hora de la medianoche encontró la música de su voz en el cuarto movimiento de la tercera sinfonía de Mahler. Con ella te dejo. En la mejor compañía.

XLIII

Pero el viaje tampoco concluye aquí. No todos los que escuchan la canción de la vieja hora de la medianoche pueden llegar a escuchar la canción del mundo. ¡Ten en cuenta que la propia medianoche advierte al *Mensch*, el ser humano —mujer o varón; en la traducción a nuestro idioma el matiz podría perderse—: «¡presta atención!». *Gib Acht!* En mi opinión no se refiere solamente a lo que dice después, sino a algo aún más lejano, más secreto, más inesperado, que podría perderse si no se presta esa atención que demanda. «*El mundo es profundo* —advierte— *y más profundo de lo que la noche* —es decir, ella misma— *ha pensado*».

¿De verdad hemos creído, Zaratustra ha creído, que se podía retomar el misterioso texto de la vida a partir de un mero punto y aparte? ¿De un final del capítulo que precede al que el convertido en *Übermensch* puede comenzar a escribir desde una altura y una soledad inaccesibles?

> *He aquí* mi *alba matinal;* mi *día comienza; ¡elévate, elévate, gran Mediodía!*
> *Así habló Zaratustra, y dejó su caverna, ardoroso y fuerte como el sol de la mañana que surge de las montañas sombrías.*

El mundo es más profundo que el enardecido sentimiento de Zaratustra. Demasiado solar, demasiado viril, demasiado patriarcal sigue siendo el mundo del Anticristo. No basta con tachar el texto erróneo; hay que recuperar el precedente y, sobre todo, el sentimiento que antecedió a ese texto precedente: la canción del mundo, la deslumbrante, que nadie puede igualar, ni repetir, ante la que solo se puede caer en éxtasis, ante la que todo queda en suspenso, con la boca abierta como el niño asombrado ante lo que aún no sabe llamar lo divino.

Nadie ha escrito, ni cantado, la canción del mundo, esa que no se puede reproducir; pero alguien, uno de esos maestros que no juzgaron relevante, ni seguramente justo, dejar su nombre, supo trasladarnos su carácter indecible:

Quién hubiera tal ventura
Sobre las aguas del mar
Como hubo el conde Arnaldos
La mañana de san Juan

Yendo a buscar la caza
Para su falcón cebar
Vio venir una galera
Que a tierra quiere llegar

Las velas trae de seda
Jarcias de oro torzal
Áncoras tiene de plata
Tablas de fino coral

Marinero que la guía
Diciendo viene un cantar
Que la mar ponía en calma
Los vientos hace amainar

Las aves que van volando
Al mástil vienen posar

Los peces que andan al fondo
Arriba los hace andar

Allí habló el infante Arnaldos
Bien oiréis lo que dirá
«Por tu vida el marinero
Dígasme ahora ese cantar»

Respondiole el marinero
Tal respuesta le fue a dar
«Yo no digo mi canción
Sino a quien conmigo va»

XLIV

Una y otra vez olvido que estoy vivo. Una coincidencia (...)
me hizo darme cuenta recientemente de que una de las prin-
cipales ideas de vida se ha extinguido en mí: la idea del fu-
turo. No tengo el menor deseo, ni la más tenue sombra de un
deseo. Ante mí se expande una tranquila uniformidad. ¿Por
qué el día que tenga setenta años no habría de ser exacta-
mente el mismo que soy hoy? ¿Acaso no he vivido demasiado
tiempo cerca de la muerte para ser capaz ahora de abrir mis
ojos a hermosas posibilidades? Lo seguro es que me limito a
pensar de un día al siguiente, que pienso hoy lo que habrá
de ocurrir mañana. Y nada más. Esto podrá no ser racional,
podrá ser poco práctico y hasta nada cristiano —el que pro-
nunció el Sermón de la Montaña presagió esta preocupación
por el mañana—, pero a mí me parece en alto grado filosófico.
Comprendo que he perdido el hábito de desear sin siquiera
desear perderlo.

En una carta fechada en mayo de 1888 Nietzsche dirige estas
palabras a Georg Brandes, una de las escasas personas que supieron calibrar tempranamente la importancia de su pensamiento
dándolo a conocer en la vecina Dinamarca cuando en Alema-

nia, como lamentaba el filósofo, podría pensarse que no existía dada la nula resonancia de sus publicaciones. Después de todo lo que llevo contado, ¿cómo no habría de sentirme retratado en y por ellas? Aunque es cierto que ese retrato mostraría a lo sumo un parentesco fraternal, no una absoluta semejanza. «Tenemos los mismos rasgos», podría decirle a un observador del cuadro, «pero no las mismas experiencias»; y las experiencias, quizá tanto como la genética, determinan una fisonomía.

«¿Acaso no he vivido demasiado tiempo cerca de la muerte para ser capaz ahora de abrir mis ojos a hermosas posibilidades?». Creo no ser mendaz cuando aseguro que puedo apropiarme sin sonrojo de esta pregunta. A diferencia de Nietzsche mi salud ha sido hasta el día de hoy un auténtico regalo de la naturaleza, pero creo haber vivido bastante tiempo cerca de la muerte. Muy temprano convertí la condición mortal del ser humano, y por tanto la mía propia, en tema de reflexión *y de docencia*. De esto último podéis dar testimonio tú y otros muchos que, de mejor o peor grado, han pasado por las aulas de la facultad y algunas salas de conferencias a lo largo de cuarenta años. Y mi respuesta a la pregunta del Solitario, bien lo sabes, es afirmativa: Sí, claro que soy capaz de abrir mis ojos a hermosas posibilidades. ¿No estoy haciéndolo aquí noche tras noche? Pero de algún modo, como él *me limito a pensar de un día al siguiente*. La diferencia entre mi «hermano» y yo es que no he perdido el hábito de desear, aunque ese hábito está indisolublemente ligado a la idea de que el futuro, en esa perspectiva que puedo llamar mía, puede desaparecer en cualquier momento. Aquí entra de lleno lo que he denominado experiencias y que tal vez debería llamar circunstancias. ¿Recuerdas aquel relato breve de Thomas Mann titulado *La muerte*? En él un hombre sin deseos está convencido de que debe desaparecer y espera desapasionadamente la visita de quien da título a la *Novelle*. El día prefijado la muerte acude, pero una hora antes de la tozudamente prefijada por el personaje protagonista... para llevarse a una niña —su hija, se supone—, haciéndole comprender lo tremendamente egoísta de su pretensión:

De haber llegado la muerte, hubiera tenido que volver a despedirla. Pero primero ha visitado a la niña (...) Mi pequeña Asunción, ¿he sido yo quien ha arrastrado la muerte hasta tu camita?

El Solitario no tenía que responder ante nadie, ni podía tener deseos en el más fuerte sentido de la palabra. Otros tenemos más suerte, además de un majestuoso intermediario del pensamiento de Nietzsche como es el maestro Mann, ese alquimista sin par. Pero quienes no nos encontramos en la situación del filósofo podemos, en todo caso, hacernos cargo de esas frases suyas, apropiarnos de ellas, al menos de lo esencial de su contenido, aunque tal vez modificándolo un poco, haciendo también, a nuestra manera, pequeña, humilde, alquimia. Deseando, queriendo vivir, gozando de la vida, pero familiarizados con la muerte, llevamos nuestra soberbia o la irracionalidad de nuestro deseo tan solo hasta mañana —¡y ya es bastante!— porque, efectivamente, es algo «en alto grado filosófico»: permite «abrir los ojos», si no a esas «hermosas posibilidades» de las que, refiriéndose a ingenuos anhelos, se burla Nietzsche, sí a hermosas realidades que a menudo nos resultan invisibles; y no me refiero —no solo— a lo cotidiano, íntimo, familiar, *gemütlich*, a la postre un poquito kitsch a poco que uno se descuide, sino a todo eso que la sabiduría de la muerte —de la aniquilación del yo— descubre y regala a la vida.

XLV

Era algo natural, lo más natural del mundo, como suele decirse, que regresara a ese lugar en que se encuentran Hölderlin y Empédocles: la tragedia dedicada a la muerte del filósofo pergeñada hasta tres veces por el poeta. La primera vez que leí, hace décadas, el texto establecido por mi admirada Carmen Bravo Villasante a partir de aquellos manuscritos, no supe que hablaba de quien yo iba a ser hoy. Estas conversaciones nocturnas me lo han evocado y me han convocado. Ahora no me ha parecido un texto sino un espejo. ¿El espejo en el que me contemplo o en el que contemplo la imagen que deseo?

El tiempo dirá cuando llegue a su fin, a mi fin. Sófocles, *Edipo rey*: «*no digas que un hombre ha tenido una vida feliz hasta que haya muerto*».

Ni siquiera Hölderlin —¿ni siquiera Empédocles?— pueden estar siempre a la altura de sí mismos. El filósofo imaginado, recreado, incurre en una última tentación del yo. ¿Un invariante antropológico?

¿Qué sería del cielo y del mar, de las islas y de las estrellas, y de todo lo que yace ante los ojos de los hombres, qué de esta muerta armonía si yo no le diese el tono, el lenguaje y el alma?

¿Qué de los dioses y su espíritu, si yo no los anunciase? ¡Ah!
Dime ¿quién soy yo?

Muerta armonía... ¿Se percata Empédocles de la contradicción? Incluso sin armonía, ¿se atrevería a llamar muerto al caos? «*Solo es un caos aquello de lo que puede surgir un mundo*», escribió en su revista uno de los fundadores del romanticismo, Friedrich Schlegel. El Empédocles hölderliniano está, en el momento en que formula esas preguntas, en su particular Getsemaní, condenado por sus conciudadanos al ostracismo y encaminado por su propia decisión hacia la muerte. La sacudida comunitaria ha despertado en él, seguramente por última vez, la idea de un yo referente del Todo. Inevitable, diremos, pero ya pasado, ya superado en su espíritu, aunque no por ello desaparecido; puesto en su lugar, simplemente. En el lugar al que esa idea ha de volver cuando el efecto de la sacudida se apacigüe. Más vale, en una situación así, que no sea él mismo, sino la discípula, Pantea, quien enuncie lo pacientemente descubierto.

Pantea: ¿toda ella diosa? ¿Ella, todos los dioses? ¿Qué quiso decir exactamente el poeta cuando le dio ese nombre? Si lo que pensaba iba en esa línea, ¿no sería ella misma la *physis*? Y en tal caso, ¿discípula o maestra? Parece saber de Empédocles más que él mismo: divina argucia del autor. «Íntimo de la naturaleza», llama la mujer al filósofo, y lo describe ante su amiga Delia con estas palabras:

> *El que se basta a sí mismo se mueve en su propio mundo (...)*
> *Le atrae a sus sombras el silencioso mundo de las plantas,*
> *donde se halla mejor y contempla la misteriosa vida que des-*
> *pliega sus fuerzas ante él.*

El mundo de Dioniso; umbrío, surcado por las fuerzas de la vegetación, escenario del misterio. El lugar en el que se exhibe «para quien tiene los ojos del ciego Tiresias» esa naturaleza de la que Heráclito dijo que gusta de ocultarse. Empédocles —Pan-

tea lo sabe— se basta a sí mismo, de modo que pronto vuelve en
sí dejando en su lugar a su yo:

> *Cuando esté lejos ya os hablarán por mí las flores del cielo, las*
> *brillantes estrellas, ¡sí! Y brotarán innumerables las flores de*
> *la tierra. La naturaleza con su presencia divina no necesita ha-*
> *blar, y una vez que se os ha aproximado, ya nunca más vuelve*
> *a dejaros solitarios, pues indelebles son sus miradas y vivifican-*
> *te el fuego celeste que alienta victorioso por todos los tiempos.*

Pyr aeizoon, fuego eternamente viviente de Heráclito, el hermano del extremo oriental del Mediterráneo; el Padre Éter de
Hölderlin, pues para ambos griegos el éter es ígneo. Solo él es
eterno, «*alienta victorioso por todos los tiempos*» y nos ha permitido alentar con él un hálito breve o largo, según sepa mirarlo
cada cual, más allá de lo que determine la pura condición biológica. Por eso puede decir a su discípulo Pausanias:

> *¿Perecer? La permanencia es solo como un torrente atado*
> *por el hielo (...) ¿Acaso se detiene alguna vez para dormir*
> *el sagrado espíritu de la vida, de modo que puedas sujetarlo*
> *en su pureza? Él, eternamente alegre, nunca te angustiará*
> *permaneciendo en prisiones, nunca estará vacilante y deses-*
> *peranzado en el mismo lugar. Me preguntas que adónde se*
> *dirige. Debe peregrinar entre las delicias de un mundo y nun-*
> *ca acabar.*

Pausanias es el discípulo fiel, que no lo abandona en su exilio,
pues lo ama, pero aún está demasiado tierno. Pantea, alejada de
él por su condición femenina y las leyes de la época, también
amante pero además sabia con la sabiduría de lo divino, comprende lo que el joven varón aún no alcanza a entender:

> *Los que temen la muerte no te aman, y un engañoso dolor*
> *venda sus ojos; su corazón ahora ya no palpita junto a tu co-*
> *razón, y envejecen separados de ti. ¡Oh inmensidad sagrada!*

Empédocles debe morir como solo puede saber morir un Empédocles: reintegrándose en el seno de la naturaleza. Para él es más fácil que para otros, pues ha nacido y vive en la isla de Perséfone, rica en accesos al Hades, poseedora sobre todo del principal, el Etna, donde según la leyenda —a estas alturas deberíamos decir el mito de Empédocles— se encontró una de sus sandalias de bronce, dejada allí sin duda por las divinidades del inframundo para que nadie se llamara a engaño sobre la disolución del adorador de la *physis* en el seno de la madre. Cada criatura de la naturaleza tiene su ocaso, pero el reservado a quienes la han conocido y venerado seguramente tiene un modo y un tiempo especiales. Nietzsche conoció el imperativo «¡muere a tiempo!» aunque no pudo obedecerlo. Empédocles, de algún modo que luego se convirtió en relato mítico, parece que supo hacerlo, según Hölderlin, porque entendió lo que luego formularía Nietzsche y no estuvo dispuesto a que su yo, con sus flaquezas getsemanianas, pudiera poner a disposición de sus enemigos, los ciegos de ojos vendados, su carcasa vacía:

Debe marcharse a tiempo el ser por cuya boca habló el espíritu. A menudo la naturaleza divina se manifiesta de un modo divino a través de los hombres, para que de este modo la aventurada especie humana vuelva a reconocerse. Así, cuando la ha revelado aquel corazón mortal arrebatado por la dicha, permitid que se rompa el recipiente para que no se use de otro modo (...) ¡Dejad morir al hombre afortunado, al que es feliz! Dejadle, antes de que se disipe en la ignominia, el ocio y la soberbia (...) Desaparezca, invisible, para que la mano del hombre no cave su tumba y ningún ojo vea sus cenizas. No conviene otra cosa a aquel ante el que lo divino desplegó su velo en las alegres horas de los días sagrados, al que amaron la luz y la tierra, al que el espíritu del mundo despertó su espíritu.

XLVI

Esta tarde, pensando en el que fui, me he dicho: «Me veo en esas etapas de mi vida como si mirara unas fotografías. Una serie de imágenes estáticas, cada una de ellas reconocible, desde luego, pero por eso mismo más bien ajena».

Claro que resultan ajenas: *fui* yo. Evidentemente yo *soy* —y seré— como consecuencia de ese que fui no solo en cada una de esas fotos, en todas las que mi memoria puede rescatar, pero eso no impide que aquel, que aquellos, ya no sean yo.

La vida de cualquier ser humano, como la mía, podría ser vista como una sucesión de imágenes de ese tipo, cada una enajenando parcialmente todas las precedentes y, en la medida en que es consciente de ello, preparándose para pasar al estado de fijeza, de no-vida, ante la incierta expectativa de la inmediatamente venidera y de las que la seguirán, de mañana en mañana, hasta esa instantánea final.

Eso me ha llevado a imaginar la sucesión de lo que llamo mi existencia como un relato plasmado en una materia inerte, al menos en la perspectiva de lo que llamamos vida, vegetal tanto como animal. He recordado las innumerables escenas del Ramayana que decoran los muros de Angkor Vat: una historia contada en imágenes en la piedra. No me cuesta trabajo verme así, como un observador de una historia que fue y que se desenvuelve en medio del rumor de la naturaleza.

Un día la selva deglutirá el edificio. Un telón tupido más vivo que la piedra ocultará el muro poblado de escenas, y lo mismo ocurrirá, como viene ocurriendo desde el comienzo, con todos los demás poemas épicos que denominamos existencias humanas. No habrá explorador que descubra los templos, los palacios, porque no tiene que haberlo.

Lo que llamamos el tiempo es el muro, pero el muro apenas está vivo. El verdadero tiempo es la selva.